W9-BDZ-743

敬业

美国员工职业精神培训手册

[美] 詹姆斯·H·罗宾斯 /著

（J. H. Robbins）

曼　丽/译

Respect

Calling

世界图书出版公司

北京·广州·上海·西安

图书在版编目（CIP）数据

敬业／（美）罗宾斯著；曼丽译．—北京：世界图书
出版公司北京公司,2004.2

ISBN 7－5062－6368－8

Ⅰ．敬…　Ⅱ．①罗…②曼…　Ⅲ．职业道德－美国
Ⅳ．D771.24

中国版本图书馆 CIP 数据核字（2004）第 003525 号

敬　　业

作　　者：[美]詹姆斯·H·罗宾斯

译　　者：曼　丽

责任编辑：赵大新

封面设计：点睛工作室

出　　版：世界图书出版公司北京公司

发　　行：世界图书出版公司北京公司

　　（地址：北京朝内大街 137 号　邮编：100010

　　　　购书电话：010－65071418,64077922）

印　　刷：北京市朝阳燕华印刷厂印刷

开　　本：787×1092　　1/32

印　　张：4

字　　数：50 千字

版　　次：2004 年 2 月第 1 版　2004 年 3 月第 2 次印刷

ISBN 7 －5062－6368－8/F·115　　　　定价：16.80 元

中译本序

"在德语的 Beruf（职业、天职）一词中，以及或许更明确地在英语的 calling（职业、神召）一词中，至少含有一个与宗教有关的概念：上帝安排的任务。"德国哲学大师马克斯·韦伯的这句话包含了西方关于职业的最本质定义，也反映了西方人对于职业的独特的道德认识。

任何一家想竞争取胜的公司必须设法使每个员工敬业。没有敬业的员工就无法给顾客提供高质量的服务，也就无法让公司在市场竞争中获胜。敬业精神在今天受到重视的程度超过任何一个历史时期。但是，对于敬业精神的内涵和历史渊源，我们了解的还非常粗浅，对树立敬业精神的培训和操作方法，我们更是一知半解。本着剔除糟粕、学习精华的目的，我们翻译了这本美国人关于敬业精神的名著，相信其合理部分能对正在进行经济建设的中国人有所启发。本书作者与马克斯·韦伯属同一时代人，他创造性地将韦伯的理论运用在美国职业精神和员工培训上，他的《敬业》一书，是关于敬业精神的最负盛名的论著和培训手册。

今年是马克斯·韦伯到美国考察 100 周年，他在 1904 年到美国考察，随后写出《新教伦理与资本主义精神》一书，他在这本经典著作中提出：美国之所以产生了充满活力、发展迅速的市场经济，和从欧洲逃到美国来的新教徒（也称清教徒）带来的伦理道德、职业精神有直接的关系。

近百年过去了，今天美国社会的现状，一定程度上佐证了韦伯关于职业精神的论断。纽约大学金融学教授弗格森（Niall Ferguson）最近在《纽约时报》发表的《为什么美国超过欧洲（线索·上帝的因素）》一文中，再次强调了韦伯这种观点的正确性：美国经济之所以一直好于欧洲，这和绝大多数美国人的信仰、新教伦理有直接的关系。正如韦伯当年观察的，正是美国人的信仰和职业道德，使美国人更加勤奋、努力、忠于职守、自立自强，而正是这种职业精神力量在推动着美国市场经济的蓬勃发展。弗格森教授说："按照美国人的标准，欧洲人则属于懒散。"

这一点，仅从大西洋两岸的工时长短就可看出，按照"经济合作与发展组织"（OECD）最近发表的数字，平均每个美国人每年工作 1 976 个小时，德国人平均每年工作 1 535 个小时，比美国人少 22%。而荷兰人、挪威人等工作小时比德国人还少。即使是英国，也比美国少 10%。从 1973 到 1999 年这 26 年间，美国人平均每年工作的时间延长了 50 个小时，即增长了 3%，而同期德国人缩短了 12%。1999 年，法国又把每周工时减到 35 小时，等于工厂每周减少四小时产值。法国企业家抱怨说："这等于全球企业百米赛跑，法国要穿拖鞋，我们没的赢。"

为什么大西洋两岸会有这样的不同？欧洲主要国家原来都是基督教徒占主体的国家，但现在整个欧洲在走向非宗教化，欧洲人对宗教的信仰已比上世纪60年代大幅下降。而在美国，91％的人相信有上帝，而且经常去教堂。

美国人的信仰使他们对职业和工作有着与欧洲人不同的理解。一切正像马克斯·韦伯所说的："职业思想便引出了所有新教教派的核心教理：上帝应许的惟一生存方式，不是要人们以苦修的禁欲主义超越世俗道德，而是要人完成个人在现世里所处地位赋予他的责任和义务。这是他的天职。"

任何一项事业背后，必然存在着一种无形的精神力量。敬业精神本质上是一种信仰。对于信仰而言，更重要的是形式和实践。信仰要靠形式来支撑。对于敬业精神，也需要类似的训练来支撑。

詹姆斯·H·罗宾斯的这本书，不仅阐明了敬业精神的本源和要义，而且用各种案例、测评和训练，使本书成为任何人都可以掌握和获益的行动实践手册。

本书的很多思想对正处于市场经济初期的我们来说是震聋发聩的：如书中指出不是贪欲，恰恰是职业伦理的禁欲导致了市场经济的发展，市场经济更多地是对欲望的理性抑制；另外它强调，最大限度地赚取财富，就是在履行自己的天职，等等。

需要特别说明的是，由于社会文化背景不同，本书中的有些观点并不适合中国国情，有必要探讨和商榷，有的观点还应该进行批判。相信读者能够对那些明显有误、不符国情的观点进行鉴别、分析和批判。毕竟，有所吸收有所舍弃的态度才是正确的。

本书根据1937年英文版译出，译校过程中参考了台湾的中文节译本。由于我的水平有限，译文难免有错误和不妥之处，希望读者予以指正。

曼 丽

2004 年元月

目　录

002

敬
业

第四章

克制、禁欲:职业发展的基础

第五章
获取财富的职业意义

第六章
职位:实现自我的阶梯

第七章
薪水:敬业的人如何看待?

第八章
敬业美德：自信、勤俭、主动、爱

后 记

第一章

信仰上帝一样信仰职业

原 理

1. 人生的信仰就是职业本身

人生的目的或者意义究竟是什么？对此，人类历史上有着众多的解答。东方的众多教义将人生的目的视为成佛成仙，人生的意义在于为来世或者极乐世界修行，而在西方，中世纪以前的教义中，也将放弃现世、刻苦禁欲、最后进入天堂作为人生的目的。无论东方还是西方，那时候都很轻视世俗的劳动和生活。

经过中世纪的漫漫长夜，美国新教的兴起却改变了人们对人生目的的看法。新教徒有着这样一种信仰：为了来世或天堂，放弃现世的义务是自私的，是在逃避世俗责任。与此相反，履行职业的劳动既是造物主赋予每个人的神圣义务，也是人能够进入天堂的通行证。不是修行，而是世俗的劳动，才能使人生具有价值，才能使人在造物主面前具有意义。职业劳动成为不应被蔑视的、高尚的、证明我们人生意义的事情。职业本身也就成为人生的目的。

1904年，德国伟大的哲人马克斯·韦伯到美国来考察，他发现美国的经济非常繁荣，各行各业欣欣向荣，他在考察其原因时指出，正是美国的文化和宗教因素，很大程度上促成了美国资本主义的兴盛。他发现，任何一项事业背后，必然存在着一种无形的精神力量。从欧洲逃到美国的新教徒们的教义，作为一种进取有为、勤奋敬业的精神力量，有力地推动了美国经济的蓬勃发展。

马克斯·韦伯发现，在新教中职业概念已经有了与过去大不相同的旨意，它表示了一种终生的任务，一种确定的工作领域，也包含了人们对它的肯定评价，甚至包含着一种宗教因素。在新教看来，造物主的神意已毫无例外地替每个人安排了一个职业，人必须各事其业，辛勤劳作。职业是造物主向人颁发的如何在尘世生存的命令，并要人以此方式为造物主的神圣荣耀而工作。也只有克尽职守、兢兢业业，才能讨得造物主的欢心，才能进入千百年来人类梦寐以求的地方。正如《圣经·箴言》第22章29节所言：

"你看见辛苦敬业的人么，他必站在君王面前。"

只有辛勤的工作，才能确证自己的人生价值。工作自身，也就成为人实现人生目的的惟一方式。一切正像马克斯·韦伯在其名著《新教伦理与资本主义精神》中写到的：

"职业思想便引出了所有新教教派的核心教理：上帝应许的惟一生存方式，不是要人们以苦修的禁欲主义超越世俗道德，而是要人完成个人在现世里所处地位赋予他的责任和义务。这是他的天职。"

2. 工作是人的天职

蜜蜂的天职是采花造蜜，猫的天职是抓捕老鼠，蜘蛛的天职是张网捕虫，而狗的天职就是忠诚地服务主人。造物主似乎对每个物种都有了职责上的安排。人，作为万物的灵长、天地的精英，同样具有他与生俱来的职责和功能。人来到世上，并不是为了享受，而是为了完成自己的使命和安排。

马克斯·韦伯在考察职业一词时指出：德语中的职业一

词是 Beruf,这个词含有"职业、天职"的意思,英语中的职业一词是 calling,含有"召唤、神召"的意思。在现代西方人的理解中,职业就是一件被冥冥之中的神所召唤、所使唤、所命令、所安排的任务,而完成这个任务,既是每个个体天赋的职责和义务,也是感谢神的恩召的举动。

在现实生活里,人为了确保他蒙承的殊遇,他必得完成造物主所指派于他的工作,直至白昼隐退。按照上天的明确昭示,只有敬业劳作而非悠闲享乐方可增益生而为人的荣耀。这样,虚掷时光和轻贱职业便成了万恶之首,而且在原则上乃是最不可饶恕的罪孽。要想在人世间始终如一地履行我们对造物主和对人类的职责,就需要对造物主赐予我们的所有能力进行开发和培养。正是那些有关勤奋、忠诚、守时、节俭的良知使得我们在今生履行对人类的责任和对造物主的荣耀。

敬业,就是尊敬、尊崇自己的职业。如果一个人以一种尊敬、虔诚的心灵对待职业,甚至对职业有一种敬畏的态度,他就已经具有敬业精神。但是,他的敬畏心态如果没有上升到敬畏这个冥冥之中的神圣安排,没有上升到视自己职业为天职的高度,那么他的敬业精神就还不彻底、还没有掌握精髓。天职的观念使自己的职业具有了神圣感和使命感,也使自己的生命信仰与自己的工作联系在了一起。只有将自己的职业视为自己的生命信仰,那才是真正掌握了敬业的本质。

没有真正的敬业精神,就不会将眼前的普通工作与自己的人生意义联系起来,就不会有对工作的敬畏态度,当然就不会有神圣感和使命感产生。

敬畏职业,就像虔诚的教徒敬畏冥冥之中的神一样——

我们世俗的经济生活，就需要这样的人生态度和生命信仰。

敬畏职业，因为个人的工作就是个人的天职。

表现

1. 爱一行，干一行

作为职员，一定要在安静的时候扪心自问，自己所从事的职业到底是不是自己内心所热爱的职业。如果不是，就应该趁早转行，如果是，就应该对职业有虔敬的心理。

斯狄文大学毕业后为了生计，做了一名银行职员，但工作一年后，发现自己干这个工作老是心不在焉，而且始终把这个工作仅看做谋生的手段——也就是为了月底的那点并不微薄的薪水。在安静的时候，他问了自己，发现自己并不热爱这个工作，虽然这个工作能给他带来富裕，但是，他早年的梦想和内心崇尚的倒是做一名社区工作者，这个职业工资不高，但能给他带来助人之后的荣誉和赞扬，带来与人交往的乐趣。于是，经过一番思想斗争后，他毅然选择做了一名社区工作者，为社区公民排忧解难。他非常地投入，每天几乎没有上下班之分，他运用了自己的全部才华和潜能，工作干得非常出色。在干了社区工作10年之后，他被当选为他所在州的议员，他为民众办事的理想获得了进一步的拓展，他的职业也获得了更大荣耀和发展。

自我有根据信仰选择工作的条件，但如果没有选择，实际上是人生的遗憾。正如我们了解到的，多数人的忧虑、悔恨和沮丧都与不适应工作有关。奉劝你不要仅仅因为一时的生活困顿或者自己家人的愿望，而勉强从事某一行业，也不要贸然决定终生从事某一行业，除非它能给你带来信仰上的确证。当然，你也必须认真仔细地考虑父母的建议，毕竟他们比你年长，已经获得了许多只有从众多经验及岁月中才能得到的人生智慧。但要坚持一点，那就是最后的抉择必须由你自己做出，因为未来的工作和生活，快乐还是悲哀，全部由你自己来承担。

只有那些找到了自己最热爱的职业的人，才能够彻底掌握自己的命运。我们发现那些有成就的人，几乎都有一个共同的特征：无论才智高低，也无论从事哪一种行业，他们必然喜爱自己所做的事，并能在自己最热爱的事情上勤奋工作。

我们看到有很多刚刚参加工作的年轻人整天无精打采，毫无工作与生活的乐趣，他们怨叹工作的不幸和人生的无聊。为什么他们会这样悲观呢？主要是因为他们正做着自己不感兴趣的事。还有一些人有不错的学识，但是因为所从事的职业与他们的才能不相配，结果久而久之竟使原有的工作能力都失掉了。由此可见，一种不称心的职业最容易糟蹋人的精神，使人无法发挥自己的才能。

你的职业只要与自己的志趣相投合，你就绝不会陷于失败的境地。年轻人一旦选择了真正感兴趣的职业，工作起来总能精力充沛、全力以赴，而决不会无精打采、垂头丧气。同时，一份合适的职业还会在各方面发挥你的才能，并使你迅速地进步。

2. 确定自己的信仰和职业

一个立身于世的人，到他成年时，就应该树立起自己的信仰。简单地说，信仰就是你对自己生命的看法——就是人活着的意义究竟在哪里，生命的意义究竟是什么？有人认为人生的意义在于吃喝玩乐，有人认为是成为与自己崇拜的偶像一样的人，还有人认为是充分施展自己的所有才华和潜能。无论怎样的信仰，在你成年时你必须做出决定，选择与你人生信仰匹配的合适职业。

有人曾问我这样一个问题：今天的年轻人求职时，最容易犯的错误是什么？对这一问题我的回答是：不知道自己想干什么。这一回答也许会让人惊诧不已，但事实正是如此。想想看，一个人花在影响未来命运的工作选择上的精力，竟比花在购买一件穿几年就会扔掉的衣服上的心思要少得多，这是一件多么奇怪的事情，尤其是当他未来的幸福和富足全部依赖于这份工作时。许多大学生也是如此，他们不了解自己能够做什么，也不知道自己真正想做什么。刚刚踏入社会时野心勃勃，充满了玫瑰般的梦想，但是过了而立之年，依然一事无成，于是变得沮丧和颓废，甚至麻木不仁。

因此，人的一生必须要为自己的职业做出三项最重要的决定，这些决定将深深地改变你的一生，对你的幸福、收入、健康以及人生意义产生巨大的影响。正确的选择能造就你，而错误的选择则可能毁掉你。这三项决定就是：

1）你将以什么方式来谋生？做一个车间工人、商人、学者、邮差、化学家、兽医、饭店老板，或者摆一个牛肉饼摊子？

2）你将朝什么方向发展？为自己找到一个立足点，并且将手头的事情做好。

3）你将以什么样的方式工作？是积极主动、追求卓越、全力以赴,还是消极被动、得过且过、投机取巧?

这三个问题你必须回答,如果以前没有想过这个问题的话,那么今天就是个机会。

3．牢记以下名人的话语

1)有人问英国哲人杜曼先生,成功的第一要素是什么,他回答说:"喜爱你的工作。如果你热爱自己所从事的工作,哪怕工作时间再长再累,你都不觉得是在工作,相反像是在做游戏。"

2)美国伟大的哲人爱默生说过类似的话:"每个从事自己无限热爱的工作的人,都可以获得成功。"

3)美国家庭产品公司副总裁卡尔夫人说:"在我看来,世界上最大的悲剧莫过于,有太多的年轻人从来没有发现自己真正想做什么,想想看,一个人在工作中只能赚到薪水,其他的一无所获,是一件多么可悲的事情啊!"

4)苏格兰哲学家、《论英雄和英雄崇拜》作者卡莱尔曾说:"祝福那些找到自己心爱工作的人,他们已无须祈求得到别人的幸福了。"

4．牢记以下名人的真实经历

1) 文艺复兴时期意大利著名雕塑家、画家米开朗基罗(1475 年～1564 年)的作品数量庞大、气势雄伟,张扬出蓬勃有力的人类人体和灵魂力量。米开朗基罗选择当艺术家,并创作了这些艺术品,不是因为他害怕脾气暴躁的教宗朱利阿斯二世,更不是想赚钱,而是因为他时刻受到艺术的感召,必须要将自己的艺术天才展示出来。你也许没有米开朗基罗那样的动力,但是如果你在工作中不喜欢、不期望创造出有长远价值的事物,你就创造不出来。热爱自己的职业,才能创造永久的价值。

2) 著名数学家、物理学家帕斯卡的父亲让他去做语言学教师,但是在数学方面要求发展的心灵召唤却压过了其他任何职业的声音,这种声音一直在他的头脑里萦绕着,直到他把语法丢到一边,转向欧几里得几何为止。人要倾听自己内心深处真正的召唤,要扪心自问,到底哪种职业符合自己的信仰。

3)塞尚的家人本来希望他做一名装饰工人,但是,塞尚却成为了一名最伟大的现代派风景画大师。自己选择的职业造就了自己。

5. 干一行,爱一行

由于能力、经验、经济条件等方面的原因,很多人并不能一开始就找到自己心爱的工作,可能你目前干的就是一件你出于权宜之计的工作,但是,只要你手头上有工作,你就要以虔敬的心态对待这份职业。即使你自命不凡,心中梦想的是更加美好的职业,但是对你手中的职业,一定要以欢快和乐意的态度接受,以虔敬和认真的姿态完成,所以,不仅要"爱一行,干一行",还要"干一行,爱一行"。因为当前的工作也是造物主的一种安排,只有干好你手头的工作,才能应对造物主的美意,也才能为你选择更适合自己的工作做好铺垫。所以,一旦你决定要从事某种职业,或者你一旦在从事某种职业,就要立即打起精神,不断地勉励自己、训练自己、控制自己。在你的工作中要有坚定的意志、凝重的敬畏,不断地向前迈进,如此就会走向自己梦寐以求的成功境地。

在这个意义上,任何合法的职业都是平等的,我们反对对任何一个合法职业的歧视。从高级办公楼走出来的白领，决不能轻视街道拐角摆报摊者的职业，因为二者只有分工上的不同，在履行各自的人类职责的意义上，完全是平等的、相同的。

训 练

1. 如何选择自己的职业

1)聆听自己心灵深处的声音,回忆是否有过某种召唤。

2) 阅读并研究有关选择职业的辅导员们的建议, 这些建议是由最权威人士提供的, 他们可能是你的老师、你的父母, 当然最好是专业人士。如果有人告诉你, 他有一套神奇的方法,可以指出你的"职业倾向",千万不要相信。这些人包括摸骨家、星相家、笔迹分析家,他们的方法并不灵验。

3)避免选择那些已经人满为患的职业。现在,可以赖以谋生的工作有两万种以上!但大多数年轻人并不知道这一点。结果在一所大学里, 三分之二的男孩子选择了五种职业——两万种职业中的五项, 而五分之四的女孩子也是一样。难怪少数职业会人满为患,难怪高级职员会产生一种强烈的不安全感并患上"焦虑性精神病"。

4)避免选择那些只有十分之一维生机会的行业。每年有数以千计的人——通常是一些失业者,事先根本未打听清楚,就开始贸然进入这一行业。

5) 当你决定投身于某一项职业之前, 请先花几个星期时间, 对这项工作做一个全盘的认识和了解。你可以去拜访那些在这个行业干过 10 年、20 年或 30 年的人，与他们的交谈能对你的未来产生深远的影响，对于这一点我深有体会。在我 20 多岁时，曾就职业问题请教过两位老人，从某种意义上讲，那两次交谈可以称得上是我生命中的转折点。事实上，如果没有那两次交谈，我的一生将会变成什么样子，实在难以想像。

2. 敬业精神问卷调查

计算一下你的个人敬业程度。

敬业精神

(就以下三项中,用√选出其中的一项)

不同意　　　有点同意/有点不同意　　　同意

行为

1)不拿公司的一针一线　　　＿＿　＿＿　＿＿

2)在规定的休息时间之后,
   立即返回工作场所　　　＿＿　＿＿　＿＿

3)一看到别人违反规定,即
   向公司领导反映　　　＿＿　＿＿　＿＿

4)凡与职务有关的事情,注
   意保密　　　＿＿　＿＿　＿＿

5)不到下班时间,不离开工
   作岗位　　　＿＿　＿＿　＿＿

6)不采取有损于本公司名誉
   的行动,即使这种行动并
   不违反规定

7) 自己有对本公司有利的意
见或方法,都提出来,不管 ___ ___ ___
自己是否得到相应的报酬

8) 不泄露对竞争者有利的信 ___ ___ ___
息

9) 注意自己和同事们的健康 ___ ___ ___

10) 接受更繁重的任务和更 ___ ___ ___
大的责任

11) 在工作以外,不做有损 ___ ___ ___
于本公司名誉的事情

12) 只为本公司工作,不兼 ___ ___ ___
任其他公司的工作

13) 对外界人士要说有利于 ___ ___ ___
本公司的话

14) 在促进商业利益的团体 ___ ___ ___
和场合,要显得积极

15) 把本公司的目标放在与 ___ ___ ___
工作无关的个人目标之
上

16) 为了完成工作,在工作 ___ ___ ___
时间以外,自行加班加点

17) 不论在工作上或在工作 ___ ___ ___
以外,避免采取任何削弱
本公司竞争地位的行动

18)用业余的时间研究与工 ＿＿＿　＿＿＿　＿＿＿
　　作有关的信息

19)购买本公司的产品或服 ＿＿＿　＿＿＿　＿＿＿
　　务,不买竞争者的产品或
　　服务

20)保证本人家庭成员也采 ＿＿＿　＿＿＿　＿＿＿
　　取有利于本公司的行动

21)凡是支持本行业和本行 ＿＿＿　＿＿＿　＿＿＿
　　业的人,均投赞成票

22)为了工作绩效,要做到劳 ＿＿＿　＿＿＿　＿＿＿
　　逸结合

23)在工作日的任何时间内 ＿＿＿　＿＿＿　＿＿＿
　　及工作开始以前,绝对不
　　喝烈性酒

问卷答案及敬业程度类型:

敬业程度低下:不同意有 6 个以上

敬业程度中等:不同意在 3~5 个

敬业程度上等:不同意在 1~2 个

敬业程度卓越:不同意 0 个

3. 每周的工作祷告

1) 在每周日上午感谢造物主为自己安排的这份工作,感谢能有这样的机会施展自己的能力,并下决心用自己的辛勤工作作为答谢。

2) 在每天清晨,仔细总结工作当中的困惑,看自己的所作所为，有没有偏离自己的信仰。

　　3）在每周三下午，公司员工聚集在一起，探讨交流各自对职业的看法、对职业的欢喜程度、职业对实现自己人生、确定自己人生意义的重要性。

　　4）重要的是长期坚持这种形式，因为任何信仰如果没有形式的支持，就会流于荒芜和遗忘。

第二章

热爱生命一样热爱工作

原 理

1. 生命的价值在于职业

生命是一个人在世界上的载体，没有生命，人无法生活在这个充满鸟语花香的生动世界上。人的生命是人存在和成长的根基，是人能与天地万物一起蓬勃发展的条件，所以非常可贵，我们只有倍加珍惜和爱护才能对得起赐予我们生命的父母以及万事万物的造物主。

我们被赐予鲜活生动的生命，同时也赐予与生命相随相伴的义务和职责。世间有生命的万物，都被赋予了各自生命的职责。从田野里的草丛，到天空中的雄鹰，自然万物所以会有丰富绚丽的色彩和美妙绝伦的秩序，就是因为这些事物总在按照各自生命的规律而存在。

以小草为例，为了在所在的地方自然生长，草就必须竭尽全力，从它伸到最远的毛根末梢汲取营养。它并不徒然妄想，指望成为一棵橡树，它只是尽自己的生命本分。于是，大地就得到了一方可爱的绿色地毯。同样，在人类社会中，诸事有序，风调雨顺，也正是由于人们天天都在履行自己琐细的职责，都在力图使自己的生命更加充实和富有意义。

我们的生命，就像是一个火柴盒，里面含有许多火柴。每当我们点燃一根，虽然盒子里减少了一根，但也发出了光和热。善用火柴的人，能点燃起一片灿烂的烛光，一堆熊熊的营火；不善用火柴的人，盲目或过早地划了火柴，结果却举措失当，白白浪费。而那些最不懂利用的人，则使火柴浸湿、损耗，点不出一丝火星。生命中的职业就是让火柴盒里的火柴能够运用自己潜质、燃烧起熊熊大火的功能和形式,生命因职业而具有意义。如果人尽不到职业责任,就等于使火柴没有点燃起熊熊大火。一个具有生命的物体,只有孜孜不倦地尽自己的天职,才能使生命真正富有意义,才能使生命变得有力和崇高。

2. 职业生涯是人生命的展现

生涯一词,在英文中是 career,具有人生经历、生活道路和职业、专业、事业的含义。人的一生,有少年、成年、老年几个阶段,成年阶段无疑是最重要的时期,这一时期之所以重要,正因为这是人们从事职业生活的时期,是人生全部生活的主体。因此,人的生涯可以说就是职业生涯。

社会学家麦克·法兰德指出:职业生涯是指一个人依据理想的长期目标,所形成的一系列工作选择,以及相关的教育和训练活动,是有计划的职业发展历程。职业生涯也是个人一生职业、社会与人际关系的总称,即个人终生发展的历程。

人的一生,人的生命价值,根本而言就在于他或她职业生涯方面的成功和成就。从历史的角度看,一个人之所以流芳百世,也往往是由于他或她在职业生涯方面的成功,为社会、为后人留下了宝贵的物质财富和精神遗产。从哲学家柏拉图、军队统帅亚力山大、使徒保罗、牧师马丁·路德、律师林肯、军人内森·黑尔,到出版商兼政治家富兰克林、诗人爱默生、商人洛克菲勒、企业家福特等等,他们都用职业方面的艰辛,换来了事业的辉煌,从而也取得了生涯的成功。中国儒教圣人孔子曾说:"吾十有五而志于学,三十而立,四十而不惑,五十而知天命，六十而耳顺，七十而从心所欲不逾矩。"这段话正是这个大思想家的职业生涯、即他的人生成长过程的精辟写照。

从人生的角度看，当一个人年老垂暮的时候，令他或她欣慰的，除了膝下的子孙，主要是他或她几十年职业活动的成果。其实，他或她之所以欣慰膝下子孙，也往往因为膝下子孙从事职业活动取得了成功和成就。

热爱职业，等同于热爱自己的生命，这是人类最伟大的情操之一。在我们的一生中，无论我们是富有还是贫困，是幸福还是不幸，我们可能无法选择，但我们却能够选择去履行那些在我们职业生涯中的职责。不惜一切代价和甘冒一切风险地遵从职责的召唤，这是最高尚的文明生活的本质体现。无论是过去还是现在，伟大的职业都值得人们去为之奋斗、值得人们为之神往、为之奉献自己的生命。

021

表现

1. 珍惜时间，工作上绝不拖沓

人生短促，这短暂的人生无限宝贵。生命是用时间来计算的，珍爱生命就要珍惜时间。古希腊哲学家赫拉克利特曾说"人不能两次踏入同一条河流"，说明了我们的世界和生命都是瞬息万变、极易变化的。时间就是生命，浪费时间就是在浪费生命。时间也是工作的计算单位，在工作当中浪费时间，实际也是在浪费生命。工作当中的敷衍拖沓、消磨时光，使要干的事情越积越多，最后导致什么事情也干不了，而如果充分地利用每分每秒，可以干越来越多的事情，也就是在扩大工作成果，就是在延长自己的生命。在公司规定时间内一定完成布置的任务，完成任务后的时间里可以进行下一步工作的准备和自己职业素质的提升工作。

对早期美国人来说，社交活动，无聊闲谈，耽于享乐，甚至超过了对健康来说是必不可少的时间（最多为 6~8 小时）的睡眠，都位于应遭受道德谴责之列。时光无价，因为虚掷一寸光阴即是丧失一寸为荣耀上帝而效劳的宝贵时光。因此，那些无为的玄思漫想是毫无价值的，而如果它是以牺牲人的日常工作为代价而换来的，那么它必遭到严厉的谴责。

2. 珍惜时间，时间就是金钱

本杰明·富兰克林(Benjamin Franklin)时代是美国资本主义发展的最初阶段，他留下的自传及《穷查理年鉴》是关于美国敬业精神最早、最完美的阐释，他说：

"切记，时间就是金钱。假如一个人凭自己的劳动一天能挣十先令，那么，如果他这天外出或闲坐半天，即使这其间只花了六便士，也不能认为这就是他全部的耗费；他其实花掉了、或应说是白扔了另外五个先令。"

"谁若每天虚掷了可值四便士的时间，实际上就是每天虚掷了使用一百英镑的权益。"

"谁若白白失了可值五先令的时间，实际上就是白白失掉五先令，这就如同故意将五先令扔进大海。"

"谁若丢失了五先令，实际上丢失的便不只是这五先令，而是丢失了这五先令在周转中带来的所有收益，这收益到一个年轻人老了的时候会积成一大笔钱。"

在市场经济中，货币化是一种大趋势，时间也可以用货币来衡量,货币可以增值,时间也可以增值。美国早期资本主义时期,实际上把很多东西都看成了资本,增值是资本的惟一目的。在富兰克林眼中,时间也是一种资本,利用好时间,就可获得不断增值的时间效应。而浪费时间,也是在浪费不断增值、数量可观的时间资本。因此,在职业生涯中,我们在浪费每一分每一秒的时候,要明确意识到我们是在浪费、挥霍金钱和资本,而且是在浪费数目大得惊人的金钱和资本。

3.一定要进行职业生涯规划

职业生涯规划是对一个人一生所有与工作相联系的行为与活动,以及相关的价值观、愿望等的连续性经历过程的构画。一个立身人世的人,必须要设计自己的职业生涯。凡事预则立,没有规划的生涯最终会失去方向,事倍功半。如果我们没有一个囊括一切人生活动的总的规划和目标,我们的生活尽管可以过得满足,但这种生活毕竟没有方向,缺乏统一。在我们每天的生活中,存在着一系列所谓从属性的目的和目标,但这些从属性的目的中没有哪一个目的可以使人发挥出他的所有思想和能力。如果没有一个总的规划把这些分散的从属性的目纳入自己的运动,生活就将缺乏一个总的意义。

人生缺乏一个总的终极的规划和目的,人心就没有一个稳固的宁静的安顿处。如果人生在为无数分散的目的奋斗,人心就无所依托。因此,我们一定要规划人生,制定自己职业生涯的目的和计划。要得到良好的职业归宿,必须事先就有筹划,根据外界职业环境、个人的素质条件,设计、规划自己的职业生涯,明确长期的目标是什么,中期的阶梯在哪里,短期的门径是什么。

设计生涯时要"知己知彼",特别是真正地认识自我,认清自己的长处和短处是什么、自己的脾气秉性是什么、自己的职业适应性是什么、自己的才能是什么,自己可能在哪个方面取得成功与成就。为了准确地判断自己,科学、合理地设计生涯,可以运用职业能力、心理、个性、适应性测量法。好的职业测验工具可以成为正确步入职业生涯的"方向盘"。

4. 生命要充满热情和活力,热忱是工作的灵魂

肯定生命,即使在其最暗淡的时候。凡是有生命的物体都在伸张自己的生命意志,生命哲学家尼采、柏格森等认为生命的本质就是激昂向上、充满创造冲动的意志。所以拥有生命的我们,一定要使生命充满活力和热情,要使工作充满热忱和欢快。

我们欣赏满腔热情工作的人,欣赏那些将工作中的奋斗、拼搏看做是人生的快乐和荣耀的人。热忱是战胜所有困难的强大力量,它使你保持清醒,使全身所有的神经都处于兴奋状态,去进行你内心渴望的事;它不能容忍任何有碍于实现既定目标的干扰。

热忱可以借由分享来复制,而不影响原有的程度,它是一项分给别人之后反而会增加的资产。你付出的越多,得到的也会越多。生命中最巨大的奖励并不是来自财富的积累,而是由热忱带来的精神上的满足。当你兴致勃勃地工作,并努力使自己的老板和顾客满意时,你所获得的利益就会增加。你的言行中的热忱是一种神奇的要素,它足以吸引你的老板、同事、客户和任何具有影响力的人,它是你工作成功的基石。

如果你不能使自己的全部身心都投入到工作中去,你无论做什么工作，都可能沦为平庸之辈。你无法在人类历史上留下任何印记；做事马马虎虎，只有在庸庸碌碌中了却此生。如果是这样，你的人生结局将和千百万的平庸之辈一样。

没有热忱，军队就不能打胜仗，公务员就不能处理随时发生的公共事务，商人就不会到全世界各地去做生意。热忱，是所有伟大成就取得过程中最具有活力的因素。最好的劳动成果总是由头脑聪明并具有工作热情的人完成的。在一家大公司里，那些吊儿郎当的老职员们嘲笑一位年轻同事的工作热情，因为这个职位低下的年轻人做了许多自己职责范围以外的工作。然而不久他就被从所有的雇员中挑选出来，当上了部门经理，进入了公司的管理层，令那些嘲笑他的人瞠目结舌。

成功与其说是取决于人的才能，不如说取决于人的热忱。热忱，使我们的生命更有力；热忱，使我们的意志更坚强！不要畏惧热忱，如果有人愿意以半怜悯半轻视的语调把你称为狂热分子，那么就让他这么说吧。源源不断的热忱，使你永葆青春，让你的心中永远充满阳光。让我们牢记这样的话："用你的所有，换取你工作上的满腔热情。"

训练

1. 了解个人职业生涯的阶段及其特征

个人的职业生涯，一般分为早期、中期和晚期三个阶段，每个阶段都要面临相应的职业问题和职业任务，让我们先来对职业生涯做一整体的把握。

不同的职业生涯阶段人们所关心的问题和应开发的工作

阶段	所关心的问题	应开发的工作
早期职业生涯（开始工作后5年～10年）	1.第一位是要得到工作。 2.要学会如何处理日常工作中所遇到的麻烦。 3.要为完成所分派的任务而承担责任。 4.要做出改变职业和单位、公司的决定。	1.了解职业、工作组织和职业精神的信息。 2.了解如何与上司、同事和其他人协调关系一同工作。 3.开发某一方面或更多的专门知识。
中期职业生涯	1.对工作和组织的宽广视野。 2.更新训练、技术和能力的整合。 3.重新确定前进的进程和目标等。 4.培养训练和教导他人的能力。	1.开发更为宽广的能力和知识。 2.了解如何自我评价的信息。 3.了解如何正确解决工作家庭和其他利益之间的矛盾。
晚期职业生涯(退休前5年～10年)	1.承担更大的责任或缩减在某一点上所承担的责任。 2.培养关键性下属职员。 3.准备退休并建立新自我。	1.扩大和加深兴趣技术的广度和深度。 2.了解其他的综合性的成果。 3.了解如何合理安排生活,避免被工作所控制。

2. 制定个人的职业生涯规划表

姓名		性别	
年龄		学历	
所学专业		职业类别	
目前所在部门		目前任职岗位	

人生目标

1.岗位目标

2.技术等级目标

3.收入目标

4.社会影响目标

5.重大成果目标

6.其他目标

人生观简要文字说明：

实现人生目标的战略要点：

长期目标

1.岗位目标

2.技术等级目标

3.收入目标

4.社会影响目标

5.重大成果目标

6.其他目标

人生观简要文字说明：

实现人生目标的战略要点：

中期目标(通常在5年以上)

1.岗位目标

2.技术等级目标

3.收入目标

实现中期目标的战略要点:

短期目标(通常在1年以上)

1.岗位目标

2.技术等级目标

3.收入目标

短期的计划细节:

　　(1)短期内完成的主要任务

　　(2)有利条件

　　(3)主要障碍及其对策

　　(4)可能出现的意外和应急措施:年度目标及年度计划的细节通常另行安排,以保持生涯计划的相对稳定性和可保存性。

职业生涯规划人(签字):

制定个人的职业生涯规划日期:　　年　　月　　日

3.检测你利用时间的效率

　　每周日晚上、每天清晨8点,列出一周、一天工作的计划,并规定完成的时间,在周六晚上、每天晚上9点,看看规定的时间内有没有完成工作计划。

4.计算浪费的时间金钱

　　据统计,一般公司职员每天要花二至三个小时寻找乱堆乱放的东西。每年因东西摆放不整洁和无条理,要花20%的

时间。因此在工作场合保持整洁和条理，实际上就是提高个人价值和工作效率的重要措施。这里有一种日常整理方法：

1)养成东西哪里拿哪里放的习惯；

2)把同样、同类、同时使用的东西放在一起；

3)把储存库分类管理并加上编号；

4)把所有的钥匙统一保管；

5)把文件按照重要性分类保管；

6)常用的东西放在随手可取的地方。

按目前收入水平，计算出自己一天、一小时平均能挣多少钱，然后看自己浪费的时间相当于多少金钱。一月、一年后累计，看到底浪费了多少金钱。

第三章

职业是人的使命所在

原 理

1. 职业是人所奉的使命

使命乃使者所奉之命，职业就是人所奉的使命，是人份内应该做的事情。使命感是一种促使人们采取行动，实现自我理想和信仰的心理状态，是决定人们行为取向和行为能力的关键因素。富有使命感的员工，一心牵挂在工作上，没有他人的督促，也能出色地完成任务。最光荣的工作是在秘而不宣无人知晓的情况下完成的，那些不使自己的行为和工作成果在他人面前像发广告一样宣传的人是真正将工作当做使命的员工，他们只追求内心完成使命的欣慰和满足。

1852年2月27日，航行在非洲海岸的"伯克哈德"号船只的失事谱写了一曲19世纪的英勇战士们壮丽的人生死亡之歌。当该船缓缓地沉入大海的波涛之下时，该船最高主管威灵顿公爵正在参加英国皇家学会的一个宴会。当船只失事的消息传到英国时，一位知名记者这样写到："我注意到（美国当时的部长劳伦斯先生也这么认为）在公爵对他死去的士兵的颂词中，根本就没有提及勇敢一词，而总是谈到他们的使命和服从。他多次重复这个意思。我猜想，在他眼里，勇气已被视做一个当然的东西了。"

使命就意味着自我牺牲和忘我奋斗，意味着尽职尽责、决不张扬。人类历史上最为敬业的就是那些为使命感所迫去全世界传教的牧师们，无论是非洲蒙昧的原始森林、南美洲的崇山峻岭，还是中国最为封闭的贵州、广西大山里，到处都有牧师的身影,他们前往几乎与世隔绝的穷乡僻壤、还在茹毛饮血的土著部落、卫生条件极其恶劣的瘟疫流行地区,他们一辈子在那里传教,甚至老死在那里,他们不图名不图利,过着极其艰苦的物质生活,仅仅为了自己的神圣使命,而完全忘我的工作,直至离开人世的那一天。人们应该记住他们,他们是整个人类的职业表率,当自己的职业遇到困惑的时候,每个人都应该多想想他们。

2. 使命感使个人和企业获得双赢

将工作本身看成一种神圣的使命能极大地调动人的积极性,员工对企业的责任感会随着他完成使命的行动而越来越大。从一个人的行为取向中,就会发现他的内心赋予自我的使命是什么。把自己的使命用文字写下来,对于人们把注意力集中在特定的事业之上有很大的帮助;但是行动却可以让人觉得自己的使命更为清晰、更为具体。行动会有轻重缓急之分,从行动的轻重缓急我们可以感觉到深藏于敬业者内心的那种强烈冲动,不仅要取得成功,而且要取得巨大的成功,并且还要不断地提高自己的能力和才干。富有使命感的敬业者与普通人的差异就在于他们相信,人是被赋予一定使命和职责的。他们的方法说起来非常简单,就是要为自己的使命做出努力和承诺。

战胜挑战、完成使命的经历,可以使人的个性特长进一步得到加强,比如领导能力、合作能力、沟通技巧、逻辑思维能力、赞扬他人以及学习能力等。敬业者都有一个相同的理想:投身于社会,为个人、企业和国家做出应有的贡献。使命具有两方面的内容,在进行自我实现的同时,促成其他人、组织目的的实现。所以敬业者的生活也具有两重性，既要获得个人事业的成功，又要拥有对于成功团队、昌盛国家的归属感和自豪感。

富兰克林从一个印刷厂的学徒工成为一个州议员、政治家、科学家，进而成为美国开国元勋的人生历程，除了用富兰克林本身具有的强烈的使命感解释而外，别无其他解释。正是他领悟和实践着他神圣的使命感，才使他从不停止对工作的勤奋、对知识的渴求、对公共事务的热衷、对人类政治正义的不懈追求，是事业上的强烈使命感，成就了富兰克林。

表 现

1. 具有使命感的员工特征

具有使命感的人，不但具有钢铁一般的意志，更是一个实干家。他富有极强的探索精神，勇于真心投入。他不是被动地等待着新的使命的来临，而是积极主动地去寻找目标和任务；他不是被动地去适应新使命的要求，而是主动地去研究、变革所处的环境，尽力做出一些有意义的至关重要的贡献，并从中汲取再一次走向成功的力量。

全心全意、尽职尽责是不够的，人除了做好自己分内的工作外还应该多做一点分外的工作，比别人期待更多一点，如此可以吸引更多的注意，给自我的提升创造更多的机会。率先主动是一种极珍贵、备受看重的素养，它能使人变得更加敏捷，更加积极。对于一个有使命感的员工而言，公司的组织结构如何，谁该为此问题负责，谁应该具体完成这一任务，都不是最重要的，在他心目中惟一的想法就是如何完成心中的使命。

对海伦一生影响深远的一次职务提升是由一件小事情引起的。一个星期六的下午，一位律师走进来问她，哪儿能找到一位速记员来帮忙——手头有些工作必须当天完成。

海伦告诉他，公司所有速记员都去观看球赛了，如果晚来五分钟，自己也会走。但海伦同时表示自己愿意留下来帮助他，因为"球赛随时都可以看，但是工作必须在当天完成"。

做完工作后，律师问海伦应该付她多少钱，海伦开玩笑地回答："哦，既然是你的工作，大约1 000美元吧。"律师笑了笑，向海伦表示谢意。

海伦的回答不过是一个玩笑，但出乎海伦意料，那位律师竟然真的这样做了。六个月之后，在海伦已将此事忘到九霄云外时，律师却找到了海伦，交给她1 000美元，并且邀请海伦到自己公司工作，薪水比现在高出1 000多美元。

每天多做一点，如此的工作态度能使你从竞争中脱颖而出。你的老板、委托人和顾客会关注你、信赖你，从而给你更多的机会。你为什么应该养成"每天多做一点"的好习惯——尽管事实上很少有人这样做，其中两个原因是最主要的：

第一，在建立了"每天多做一点"的好习惯之后，与四周那些尚未养成这种习惯的人相比，你已经具有了优势。这种习惯使你无论从事什么行业，都会有更多的人指名道姓地要求你提供服务。

第二，如果你希望将自己的右臂锻炼得更强壮，惟一的途径就是利用它来做最艰苦的工作。相反，如果长期不使用你的右臂，让它养尊处优，其结果就是使它变得更虚弱甚至萎缩。

社会在发展，公司在成长，个人的职责范围也随之扩大。不要总是以"这不是我分内的工作"为由来逃避责任。当额外的工作分配到你头上时，不妨视之为一种机遇。

2. 从不懒惰，非常勤奋

具有使命感的人，是一个从不懒惰非常勤奋的人。他永远像是被人催促一样，非常急于尽快完成工作。懒惰的人花费很多精力来逃避工作，却不愿花相同的精力努力完成工作。他们以为自己骗得过老板，其实，他们愚弄的只是自己。他们最终会被解雇和降级，而升迁和奖励是不会落在懒惰投机者身上的。

懒惰会吞噬人的心灵，使心灵中对那些勤奋之人充满了嫉妒。他们只相信运气、机缘、天命之类的东西。看到人家发财了，他们就说："那是幸运。"看到他人知识渊博、聪明机智，他们就说："那是天分。"发现有人德高望重、影响广泛，他们就说："那是机缘。"他们不明白没有付出非凡的代价，没有不懈的努力，没有勤劳苦干，是根本无法实现美好的梦想的。

如果你永远保持勤奋的工作状态，你就会得到他人的称许和赞扬，就会赢得老板的器重，同时也会获取一份最可贵的资产——自信，对自己所拥有的才能赢得一个人或者一个机构的器重的自信。

3. 提前上班，推后下班

提前上班，别以为没人注意到，老板可是睁大眼睛在瞧着呢？如果能提早一点到公司，就说明你十分重视这份工作。每天提前一点到达，可以对一天的工作做个规划，当别人还在考虑当天该做什么时，你已经走在别人前面了！

退后下班,将今天的事情做个彻底干净的了结,将明天要做的事事先做个准备,如此你又先人一步,工作条理更加清晰。

卡洛·李尼斯先生最先为瓦兰特工作时,职务很低,现在已成为瓦兰特先生的下属一家公司的总裁。之所以能如此快速升迁,秘密就在于退后下班。李尼斯说:"在工作之初,我就注意到,每天下班后,所有的人都回家了,但瓦兰特仍会留在办公室里工作。因此,我决定下班后也留在办公室里。是的,的确没有人要求我这样做,但我认为自己应该留下来,在需要时为瓦兰特先生提供一些帮助。""当时瓦兰特先生自己找文件、打印材料,很快,他就发现我随时在等待他的召唤,并且逐渐养成招呼我的习惯……"李尼斯先生这样做获得了报酬吗?没有。但是他获得了更多的机会,使自己赢得老板的关注,最终获得了提升。

4. 提升自己,实现更高的目标

使命是一种终身的使命,有使命感的人为了心中的理想会在一生中做出永不停息的努力。想成为一名成功人士,必须树立终身学习的观念。既要学习专业知识,也要不断拓宽自己的知识面,一些看似无关的知识往往会对未来起巨大作用。那些没有使命感和远大目标的员工非常容易满足,只要每月拿到应得的薪水、不被老板解雇,就万事大吉,根本不会去继续深造和学习,在闲暇会去游乐和吃喝。而那些把大量休息时间花在阅读和培训上的员工,才是能成就一番事业的非凡之人。晚上去参加学习班,周末去参加本专业或者其他知识技能培训的员工,肯定会出人头地,获得财富和荣誉。

有了目标,你即使在做一件最微不足道的事情,都会变得有意义。有使命感、并且事业有成的人都有两个共同特点:一是明确知道自己事业的目标;二是不断地朝着更高的目标前进。目标的意义不仅仅是目标本身,它更是我们行动的依据。爱默生说过:"一心向着自己目标前进的人,整个世界都会为他让路。"

在工作中,往往有员工失去目标,而使工作变得乏味,使生活失去意义。那些只有一些小目标的人,在实现目标之后都会感到空虚无聊,而那些不断有更高更大目标的人在工作中总是能够创造更大的价值,获得更有意义的生命力量。

有一位哲人来到一个建筑工地,询问三位正在砌筑的工人:"你们在干什么?"

第一位工人回答道:"正在砌砖。"

第二位工人回答道:"正在砌一堵墙。"

第三位工人回答道:"正在建一座教堂。"

这位哲学家当即就判断,心中有教堂的第三位工人会成为一个伟人。这第三个工人就是16世纪欧洲宗教改革运动的发起人之一:约翰·加尔文。

这就是目标产生的伟大力量。毫不夸张地说,目标是成功的一半。目标是对于所期望成就的事业的真正决心。没有目标,不可能发生任何事情,也不可能采取任何步骤。如果一个人没有不断递进的目标,就只能在人生的旅途上徘徊,永远到不了任何地方。实现了自己的目标之后,要确定更高的目标,并再次去实现更高的目标。那些被高尚的目标所驱使的人,必然会成就职业上的辉煌。在工作中请牢牢记住你的目标,牢牢记住你的使命。

训练

1. 对自己进行志向测评

根据测评的结果制定需要更改自己志向的文字计划，这个计划包括：

1) 我以前的目标是什么，现在制定的更远大的目标是什么？

2) 我想发展我的哪些才能？如何发展？

3) 我的最高最高的梦想是什么？为实现这个梦想需要进行什么样的努力？

4) 从现在开始，将你的最高梦想写在床头，作为使命，一天天地去工作。

2. 对自己进行工作主动性测评

测评说明：每道题有三个答案，根据实际情况，选择适合自己的测评题

1) 在工作中你愿意

　　A. 与别人合作

　　B. 说不准

　　C. 自己单独进行

2) 在接受困难任务时

　　A. 有独立完成的信心

　　B. 拿不准

　　C. 希望有别人的帮助和指导

3) 希望把你的家庭设计成

A. 有自己活动和娱乐的个人世界

B. 与邻里朋友活动交往的空间

C. 介于 A、B 之间

4) 解决问题借助于

A. 独立思考

B. 与别人讨论

C. 介于 A、B 之间

5) 在以前与异性朋友的交往

A. 较多

B. 一般

C. 比别人少

6) 在社团活动中,是不是积极分子?

A. 是的

B. 看兴趣

C. 不是

7) 当别人指责你古怪不正常时

A. 非常生气

B. 有些生气

C. 我行我素

8) 到一个新城市找地址,一般是

A. 向别人问路

B. 看地图

C. 介于 A、B 之间

9) 在工作上,喜欢独自筹划或不愿别人干涉?

A. 是的

B. 不好说

C. 喜欢与人共事

10) 你的学习多依赖于

A. 阅读书刊

B. 参加集会讨论

C. 介于 A、B 之间

答案 得分 / 题号	1	2	3	4	5	6	7	8	9	10
A	0	2	2	2	0	0	0	0	2	2
B	1	1	0	0	1	1	1	2	1	0
C	2	0	1	1	2	2	2	1	0	1

测评分析

15～20分：自主性很强。自立自强，当机立断；

11～14分：自主性一般。对某些问题常常拿不定主意；

0～10分：自主性低。依赖、随群、附和。

如果自己属于不主动的员工，请大声朗诵本章原理和表现部分，制定自己的行动计划，确定自己的使命，增加工作强度和效率，提前领会老板和公司的期望和意图，切实使自己成为一个有使命感的员工。

第四章

克制、禁欲:职业发展的基础

原 理

1. 不是贪欲而是新教的禁欲创造了美国的繁荣经济

"对财富的贪欲，根本就不等同于资本主义，更不是资本主义的精神。倒不如说，资本主义更多地是对这种非理性欲望的一种抑制或至少是一种理性的缓解。"

马克斯·韦伯的名言纠正了人们的偏见。事实上，为什么人类社会的一切国家、一切时代的所有的人，都充满了对金钱的欲望，但直到 18、19 世纪的欧洲和美国，才发展出了资本主义和市场经济？原因就在于当时的新教徒主张，金钱是用来增值而不是用来消费的，穷奢极欲、大肆挥霍违背天理、令人厌恶，而节制有度、积累资本和扩大业务是造物主称许的善举。正是这种职业精神的影响，才使美国、西欧最早地发展了资本主义和市场经济。

克制、禁欲的敬业观念认为：任何无节制的人生享乐、纵情狂欢，都会驱使人舍弃职守、堕落贫穷，不是纵欲和贪婪积累了财富，而是克制和禁欲增长了社会财富。因为克制、禁欲的职业观念强加在财富消费上的种种限制使资本用于生产性投资成为可能，金钱和时间资本没有被消费却被用来再投资，禁欲节俭必然要导致资本的积累，从而也就自然而然地增加了财富。

将克制、节俭奉为首要原则的美国职业精神，必然会推动经济的增长。劳动本身也是历来所推崇的禁欲途径，因为它在西方教会中一直发挥着这种作用，对于不洁生活名下的一切诱惑来说,劳动是一种特别有效的抵御手段,劳动和工作本身就可以培养人的禁欲和克制品质,因为无职业者缺乏有条不紊、严谨规矩的性格,相反,职业使人变得严谨勤俭。虔敬地从事某种职业的人生会因虔诚而承领恩宠,虔诚的表现便是他从事职业时一丝不苟、严肃认真。

2. 克制、节俭是敬业精神的根本

自我克制——即为了将来的利益暂时牺牲当下的享乐——是职业生涯最值得上的一课。这门最难上的课程自然是期望人们发挥他们所赚的钱的最大价值。然而,很多人习惯于把他们所赚的钱用于眼前的吃喝,直至挥霍殆尽,其结果是使他们在很大程度上陷入被动。平日里恣意挥霍,贪图享乐,可是一旦时势艰难,他们却发现自己囊中所剩无几,生活难以为继。这也是社会上出现一些人无依无靠、穷困潦倒和生活悲惨现象的一个重要原因。

1847年,布莱特先生在罗彻德尔职工集会上的一个简短演讲,表达了同样的思想和信念,他说:

"对于任何人,或者说人类的任何一个成员,如果他想保住目前较为优裕的生活条件,或者想改变他目前较为糟糕的生活处境,惟一切实可行的办法是培养自己勤劳、节俭、克制和诚实的美德。人们要想改变自己不令人满意的困难处境,即使考虑他们的精神的和肉体的状况,这里也决没有任何捷径可走,而只能实践这些美德。人们会发现,自己周围的很多人正是在通过这种方法不断地改善自己的生活状况,使自己得到发展。"

对自己的欲望要进行克制,对公司的资源要最大限度地节俭。如果一个人总是在欲望的世界里徜徉徘徊，那么他离奴隶状况也就只有一步之遥了。他决不是自己的主人，而有着时时沦为他人奴隶的危险。当他接受别人为他开具的各种条件，他免不了多少会有些奴颜婢膝，因为他不敢勇敢地面对现实。一旦身处逆境，他要么靠别人的施舍恩典度日，要么靠给贫民的救济生存。如果情况再糟糕一点让他失去了工作，他就无法去从事另一领域的工作。

　　为了获得个人独立，生活简朴节俭是必不可少的条件。节俭意味着为了将来的利益得到保障，要有抵御眼前诱惑的能力，这也是人超越于动物本能的高贵之处。节俭完全不同于吝啬，因为正是由于节俭才能使一个人能够时时表现出慷慨大方。节俭不是把金钱作为崇拜的偶像，而只是把它当做一个有用之物。我们可以称节俭为精明的女儿、克制的姊妹和自由的母亲。节俭也适用于公司事务，无论公司是大是小、是富是穷，使用公物都要节省节俭，员工出差办事，也绝对不能铺张浪费。因为就像富兰克林说的："注意小笔开支，小漏洞也能使大船沉没。""所有的东西，节省就是便宜，浪费就是昂贵。"

表现

1. 克制禁欲，养成抵制诱惑的习惯

　　富兰克林在《穷查理年鉴》中关于节制和禁欲写到：

　　巨大的诱惑会套空你的钱包。

　　对酒肉、女色和惰性都要有自制，否则病痛和瘟疫就会抓住你。

既然无法满足随之而来的种种要求，不如简单地克制住第一个欲望。

为健康和孩子，切莫纵欲过度；也不要影响、削弱或者损害你自己或他人的安宁与声誉。

凡事以愤怒开始，必以耻辱告终。舌头乱动，导致惹祸上身。

富兰克林是对美国敬业精神最早的阐释者，他本人的经历就是一部敬业者成就事业的历史。在他的书中，关于克制、禁欲占了大量篇幅。

对于那些今朝有酒今朝醉、现挣现吃、过一天算一天的人来说，任何教育都是低劣的，他们不可避免地处于软弱无能、无依无靠状态之中，生活在社会的下层，受时间和季节的玩弄。他们没有自尊，也不可能赢得别人的尊重。在商业危机中，这些人更是四处碰壁。平时不知节俭积蓄，即使他们受到别人的怜悯同情，别人给予的毕竟太少；即使他们心态良好，想到将来妻子儿女可能的命运，也会让他们感到不寒而栗、恐怖可怕。

对于一个从事正当职业的职工来说，节俭和克制是抵御欲望的防护墙，是他地位的保证，也使他拥有在快乐和希望中等待更美好的一天到来的自信。一个年轻人，在他的人生道路中，他必须经过排列在道路两边的一系列的诱惑物。对这些诱惑的任何屈服所带来的不可避免的影响，就会导致或大或小的不同程度的堕落。而他摆脱这些诱惑的惟一方式就是勇敢坚决地用语言或行动表示出"不"。他必须立即做出决断，而不能在权衡中犹豫等待。勇敢地去抵制，第一次果断的决定会给生命以力量；有了几次的重复抵制也就成为了习惯。真正的抵制力是人生早年形成的习惯的外化。因为精神这部机器发生作用主要是通过习惯这个媒介进行的，那些能使人巧妙地千百次不加思考地行动的良好习惯，确实是人的道德准则的重要组成部分。

2. 量入为出，勤俭才能致富

每个人都应该量入为出，按照自己的收入过日子。要做到这一点，最重要的是诚实。因为，如果一个人不是诚实地按照他自己的收入过日子，那么他必定是虚伪地按照其他人的收入过日子。如果一个人对自己的消费缺乏长远考虑，并且只顾自己享乐，丝毫不为别人的利益着想，那么，等到他发现钱的真正用途时，已经太迟了。这些挥霍浪费的人虽然天性大方，但是，最后还是被迫去做一些肮脏丑恶的事情。他们贪图一时的安逸享乐，花天酒地，挥霍无度；不得不提前去支取存款，提前领取工资，拆东墙补西墙，寅吃卯粮，结果必然是债台高筑，不得翻身，严重影响自己的行动自由和人格独立。

正视自己的日常事务，并且在钱财方面，量入为出，斟酌考虑，这是每一个人义不容辞的职责。这种对收入和支出的简单的算术运算有着极大的价值。精明节俭要求我们在安排自己生活水准时，必须低于自己的收入水平，而不能高于这一水平。而要做到这一点，必须根据收支平衡的原则，拟订并忠实地执行一个生活的计划。要使一个人克制自己的欲望，不致于入不敷出，他必须时时留心自己的日常事务，定期进行收支结算。"年轻时多学一些有益的东西，可使人在成年时取得更大的成就。在这些技能中，写作与记账是最不可忽视的。"

富兰克林如是说。

一个生活节制适度的人他的口袋里才会有钱去帮助别人、才会有钱去投资；而一个铺张浪费、缺乏远见和挥霍一空的人，他从来就不会有机会去帮助别人，这样在投资机会来临时由于凑不到本钱也会让机会擦肩而过。

3. 不能铺张浪费，俭省节约才能致富

赚钱是没有任何秘密可言的，每一个民族大量的谚语都证实了这一点。如"积少成多，集腋成裘"，"谁对本职工作兢兢业业，谁就富甲天下"，"节俭是箴言，只要赚到手，存起所有钱"，"节俭是走向富有的第一步"，这些饱含哲理的谚语，是代代相传的智慧宝库，揭示了发财致富的最好方法。

记住，一年积攒6英镑，一天只需1个格鲁特。这笔小钱对于一个经营信贷的人，可以作为保证金而经常拥有，并具有100英镑的用途。就这么点小钱，通过节俭者的灵活使用，可以产出巨大的效益。节俭可使一个智力一般的人凭借自己的收入获得相当的独立性。即使是工薪阶层的人，只要他对自己的收入合理使用，精打细算，不作无意义的花销，他也能做到这一点。一分钱虽然微不足道，然而，无数家庭的幸福正是建立在对每一分钱的合理使用和节省的基础之上的。如果一个人不珍惜这每一分钱而让他的辛勤劳动所得随意从指缝里流走——一些送给了啤酒屋，一些以这样或那样的方式花费掉了，那么，他会发现自己的生活与一般动物没有多少区别。相反地，如果他不随便乱花一分钱——部分钱用于社会福利事业或投资保险基金，部分钱存入银行，其余的全交给妻子去统筹安排，用于家庭日常生活开支和家庭成员的教育费用，那

么，不久他就会发现这种对每一分钱的注重会给予他丰厚的回报，个人收入在不断增加，家庭生活越来越红火，对将来心里也没有什么担心。如果一个从事实际工作的人志向远大并且拥有超乎常人的克制能力，那么，他不仅自己会从中得益，其他人也会在他的生活道路中受益匪浅。这种事情并不是不可能的，即使一个在车间劳动的普通人也可能做到。

奥斯特瓦尔德是巴黎的银行家，曾经是个一贫如洗的人。每天傍晚，他都要到一家酒馆去吃晚饭并喝上一品脱啤酒，然后把他所能找到的所有软木塞收集回去，他这样收集了8年，这些软木塞竟然卖了8个金路易。而这8个金路易就成了他发家的资本——他开始从事股票生意，他死后留下了大约300万法朗的遗产。

4. 金钱上要诚信

伊莉莎白是一家大型公司的资深人事主管，在谈到员工录用与晋升方面的尺度时，她说："我不知道别的公司在录用及晋升方面的标准是什么，我只能说，我们公司很注重应征者对金钱的态度。一旦你在金钱上有了不良的记录，我们公司就不会雇用你。很多公司也跟我们一样，很注重一个人的品行，并且以此作为晋升任用的标准。如果品行有污点，即使应聘者工作经验丰富、条件优越，我们也不会聘用的。这样做的理由有四点：

第一，我们认为一个人除了对家庭要有责任感外，对雇主守信是最重要的。你在金钱上毁约背信，就表示你在人格上有所缺陷。但是，今天很多美国年轻人却不以为然。他们认为银行的钱那么多，即使我不偿还债务也无所谓；每家商店都有上百万的资金,我不付款它也倒不了。但是买东西必须付钱,欠债必须还钱这是天经地义的事。在金钱上不守信用,简直与偷窃无异。

第二,如果一个人在金钱上不守诺言,他对任何事都不会守信用。

第三,一个没有诚意信守诺言的人,他在工作岗位上必定也会玩忽职守。

第四,一个连本身的财务问题都无法解决的人,我们是不任用的。因为频繁的财务困难容易导致一个人去偷窃和挪用公款。在金钱方面有不良记录的人,犯罪率是普通人的十倍。当我们支出金钱时,要诚实守信,这一点也同样适用于我们为人处事。"

对于任何你不通过向别人借债就不能获得的享乐,决不要去享受。不过,我没有说你不要借钱给别人。只是要注意:如果你连本钱都无法收回,那就千万不要借出去。

大家应该记住这句话:"有借有还,再借不难。"一个知道按时足额偿还债务的人,无论何时何地都可以从他的朋友那里借到钱。这往往用处极大,除了勤劳与节俭之外,没有什么能比公平守信更有益于年轻人崛起的了。所以,无论如何,绝不要对借款逾期不还。

债务会使人受到奴役,我们知道没有钱用是什么样的滋味,但我们决不应该让自己陷入债务之中。

海军上将邦宁说,他早年家境贫寒,全家只靠父亲的微薄收入生活。当他入伍后过上优裕生活时,曾向父亲借款 20 英镑,但被父亲拒付。他对父亲给他的惩戒感到无比耻辱,就发下誓言，永远不借他人一分钱。"从那时至今，我都是小心翼翼地按照我的收入水平过日子"，整整六年，邦宁忍受了物质匮乏带来的各种困难，但是，他保住了自己做人的骨气，履行了自己的诺言，正是凭藉这种良好的品质和勇敢坚毅的性格力量，他慢慢地成长为一位叱咤风云的将军。

5. 不能浪费公司财物，必须俭省节约

　　一位年轻人到一家大公司应聘。当他走进办公室时，看到门角有一张白纸，出于习惯，年轻人弯腰捡起白纸并把它交给了前台小姐。结果，在众多的应聘者中，这位年轻人战胜了其他条件比他更好的人，成了这家公司的正式员工。公司董事长在给他分配任务时说："其实那张门角的白纸是我们故意放的，那是对所有应聘者的一个考验，但只有你通过了。只有懂得珍惜公司最细微的财物的员工，才能给公司创造财富。"这位年轻人后来果然为公司创造了巨大的经济效益。

053

　　日常工作中的很多员工并不像这位年轻人，他们对公司财物的损坏、浪费熟视无睹，纸张、原料、水电等，他们能揩油、占小便宜就不放过任何机会。他们以为老板看不到这件事情。实际上即使在无人知晓的情况下，那也将损害员工自己的心灵和信仰，员工今后的工作态度和敬业程度，完全会因这件小事而变质、蜕化。

　　有两个女行政人员，她们通过了层层选择，在一家公司试用。其中的一个女员工发现自己的办公桌下有一叠便笺，她对另一个女士说："拿一些回家当记事簿吧。"于是她拿了，而另一个女士没拿。这一切都落在了正准备进门的老板眼中。试用期满后，拿便笺的女士走了，而没拿的则留了下来。

在我们的职业中，一次升迁机会的丧失可能毁于你出差的费用远远超过标准；一次生意的失败可能仅仅因为你在谈话中暗示自己要一定回扣；一次解雇可能是因为你直接拿了公司不该拿的财物……这些小事看来无足轻重，却往往决定了你的命运。要知道,工作和职业就是你的生命和信仰,你千万不能亵渎它。

训 练

1. 首先来测验一下你的自制力

自制力测评

测评说明：下列各题中,每题有 5 个备选答案,根据你的实际情况,选择一个最适合你的答案：A. 很符合自己的情况；B. 比较符合自己的情况；C. 介于符合与不符合之间；D. 不大符合自己的情况；E. 很不符合自己的情况

测试题

1)我很喜欢长跑、远足、爬山等体育运动,但并不是因为我的身体条件适应这些项目,而是因为这些运动能够锻炼我的体质和毅力。　　　　　　　　　　( )

2)我给自己订的计划,常常因为主观原因不能如期完成。　　　　　　　　　　　　　　　　　( )

3)一般来说,我每天都按时起床,不睡懒觉。　　( )

4)我的作息没有什么规律性,经常随自己的情绪和兴致而变化。　　　　　　　　　　　　　　( )

5)我信奉"凡事不干则已,干则必成"的信条,并身体力行。　　　　　　　　　　　　　　　　( )

6)我认为做事情不必太认真,做得成就做,做不成便罢。 （　）

7)我做一件事情的积极性,主要取决于这件事情的重要性,即该不该做;而不在于对这件事情的兴趣,即想不想做。 （　）

8)有时我躺在床上,下决心第二天要干一件重要事情,但到第二天这种劲头又消失了。 （　）

9)在工作和娱乐发生冲突的时候,即使这种娱乐很有吸引力,我也会马上决定去工作。 （　）

10)我常因读一本引人入胜的小说或看一出精彩的话剧而忘记时间。 （　）

11)我下决心办成的事情(如练长跑),不论遇到什么困难(如腰酸腿疼),都会坚持下去。 （　）

12)我在学习和工作中遇到了困难,首先想到的就是问问别人有什么办法。 （　）

13)我能长时间做一件事情,即使它枯燥无味。 （　）

14)我的兴趣多变,做事时常常是这山望着那山高。 （　）

15)我决定做一件事时,说干就干,决不拖延或让它落空。 （　）

16)我办事喜欢挑容易的先做,难做的能拖则拖,实在不能拖时,就赶时间匆匆做完,所以别人不大放心让我干难度大的工作。 （　）

17)对于别人的意见,我从不盲从,总喜欢分析、鉴别一下。 （　）

18)凡是比我能干的人,我不大怀疑他们的看法。 （　）

19) 我喜欢遇事自己拿主意,当然也不排斥听取别人的建议。（ ）

20) 生活中遇到复杂情况时,我常常举棋不定,拿不定主意。（ ）

21) 我不怕做我从来没有做过的事情,也不怕一个人独立负责重要的工作,我认为这是对自己很好的锻练。（ ）

22) 我生来胆怯,没有十二分把握的事情,我从来不敢去做。（ ）

23) 我和同事、朋友、家人相处时,很有克制能力,从不无缘无故发脾气。（ ）

24) 在和别人争吵时,我有时虽明知自己不对,却忍不住要说一些过头的话,甚至骂对方几句。（ ）

25) 我希望做一个坚强的、有毅力的人,因为我深信"有志者事竟成"。（ ）

26) 我相信机遇,很多事实证明,机遇的作用有时大大超过个人的努力。（ ）

测评标准

　　单数题号：A记5分,B记4分,C记3分,D记2分,
　　　　　　　E记1分

　　双数题号：A记1分,B记2分,C记3分,D记4分,
　　　　　　　E记5分

各题得分相加,统计总分。

测评分析

111分以上:自制力很强;

91～110分:自制力比较强;

71～90分:自制力一般;

51～70分:自制力比较弱;

50分以下:自制力很薄弱。

2.再来测一下你的意志力

测评说明:下列各题将考察你抵抗诱惑的意志力,请选择"是"或"否"。

测试题

1)你不能完成自己所定下的目标吗?

2)你在使用储蓄的时候,总是花到储蓄额的极限吗?

3)你从未设计或执行一年的长期计划吗?

4)对你年轻时交的朋友,你的父母大多时候不表示赞同吗?

5)你常幻想一些不切实际的东西且沉醉于其中吗?

6)你容易被说服吗?

7)你嗜酒如命,经常因为贪杯而误事吗?

8)你的大部分朋友认为你是冲动、情绪化的人吗?

9)你在年轻的时候总是麻烦不断吗?

10)你常对自己和他人食言吗?

11)你认为未将贵重物品妥善收藏的人和窃取那些东西的盗贼一样有罪吗?

测评标准

答"是"得1分,答"否"得0分。

测评分析

0～4分:意志力相当强,能够抵抗各种诱惑

5～7分：意志力一般，对诱惑的抵抗能力也一般

8～12分：意志力很弱，抵抗诱惑的能力极差

3．制定自己和家庭的收支表

每天作记录，每周、每月、每年做总结，通过收支表，你可看到自己是否在量入为出，看到自己的花费究竟怎么分布，每年真正能够赚多少钱？

4．戒掉纯粹浪费金钱的嗜好和消费

如喝酒、吸烟、赌博、去有伤风化的地方等。

5．从今天开始，还清你的所有债务

以后除了进行投资外，再也不要举债。

6．不要浪费公司财物

因工作产生的可报销费用一定要真实，绝不能弄虚作假。

绝不能凭借工作权力和公司业务而收受贿赂和回扣。

第五章

获取财富的职业意义

原理

1. 忠诚履行财富托管人的职责

新教在如何认识财富问题上使用了托管人职责（trusteeship）这个概念，意即财富是上帝交托给我们、由我们来管理和增值的对象。托管人职责的原则要求我们不要轻视金钱，而要重视金钱，务必视财富为天职的标的和对象。因为管理金钱的职责来自上帝，为此我们就应该小心谨慎、克尽职守地把钱管理好。

人只是受托管理着上帝恩赐给他的财富，他必须对托付给他的每一个便士都有所交待，并且必须保证每一个便士的增值，利用它们去获得更多的财富。

正如马克斯·韦伯所说的那样：

"商人意识到自己充分受到上帝的恩宠，实实在在受到上帝的祝福。他们觉得，只要他们注意外表上正确得体，只要他们的道德行为没有污点，只要财产的使用不至遭到非议，他们就尽可以随心所欲地听从自己金钱利益的支配，同时还感到自己这么做是在尽一种责任。"

是的，最大限度地赚取财富是在尽一种责任，是在履行自己的天职，也必然会得到他人的赞许。对于遵循上天的旨意而成就斐然的好人，最为常用的赞誉之辞是："天主赐福其工程。"对那些勤奋敬业的人，造物主必然会赐福于他在今生尘世中的产业。

出于信仰上的虔诚，敬业者将一心一意赚取财富作为实践信仰的根本。以信仰来看待赚取财富——如此的专一和执著——肯定会造成一个社会财富的巨大积累。在荷兰,这个真正用严格的加尔文主义(注:新教一支)统治的国度里,最简朴的生活方式与巨大财富的结合,导致了资本的过度积累,而资本的积累必然导致财富的增加。

2. 通过敬业而获利是现代职业精神的基石

对造物主给人类的财富,个人是具有最高职责的管家。通过职业赚取财富不仅完全是正当的,而且由于是在履行天职而具有了无比光荣的神圣性。

正如马克斯·韦伯所认为的,拜金欲在一定历史时期并不是坏的东西,相反,它正是资本主义精神的一部分。他把资本主义精神解释为尽自己的最大可能来获得财富:

"这种精神所宣扬的至善——尽可能地多挣钱,是和禁欲主义结合在一起的……这种至善被如此单纯地认为是目的本身……人竟被赚钱动机所左右,把获利作为人生的最终目的。在经济上获利不再从属于人满足自己物质需要的手段了,这种对我们所认为的自然关系的颠倒,从一种素朴的观点来看是极其非理性的,但它却显然是资本主义的一条首要原则,正如对于没有受到资本主义影响的诸民族来说这条原则是闻所未闻的一样确定无疑。与此同时,它又表达了一种与某些宗教观念密切相关的情绪。"

资本主义迫切需要人们投身于赚钱的事业,把赚钱看做是人人都必须追求的自身目的,看做是一项职业,甚至是义不容辞、无上光荣的天职。而每个个人,对这份天职负有责任——这就是资本主义道德观念中最具代表性的东西,而且在某种意义上说，它是市场经济精神的根本，是现代职业精神的一种体现。

表现

1. 为公司也为自己创造财富

赢利——是任何一家在市场中生存发展的公司的根本目的，创造最大的财富，是公司老板和所有员工最大的也是最为一致的目标。作为员工，一定要为公司创造财富，而且要把为公司创造财富当作神圣的天职、光荣的使命。尤其是那些业务部门的员工，要时刻算计怎样抓住商机、怎样拓展市场、怎样扩大产品宣传，要时刻算计自己的工作行为到底与公司赢利这个大目标有多少距离？还要算计自己为公司创造财富的确切数量。如果我们在法律和道德的范围内，将获取财富作为自己的天职、以此为目的、全神贯注、全力以赴，一定会创造出越来越多的财富和利润。

当公司和你所在的组织赢利了，那么你个人的财富也肯定会扩大。在你使公司和个人获得大量金钱以后，你肯定会感到自己履行了自己应尽的职责，感到自己以前从未有过的成就感和满足感。这一切，都是因为我们履行了财富托管人的神圣天职。

2. 努力工作让财富增值

我们在《圣经》的《马太福音》中可以找到让财富增值是上帝的旨意的例子：

一个人将要远行，走之前把仆人们叫到一起并把财产委托他们保管。依据他们每个人的能力，他给了第一个仆人 5 个塔伦特（注：古罗马货币单位），第二个仆人2个塔伦特，第三个仆人1个塔伦特。拿到5个塔伦特的仆人把它用于经商并且赚到了5个塔伦特。同样，拿到2个塔伦特的仆人也赚到了2个塔伦特。但是拿到1个塔伦特的仆人却把主人的钱埋到了土里。

过了很长一段时间，他们的主人回来与他们结算。拿到5个塔伦特的仆人带着另外5个塔伦来了。他的主人说："做得好！你是一个对很多事情充满自信的人。我会让你掌管更多的事情。现在就去享受你的土地吧。"

同样，拿到2个塔伦特的仆人带着他另外2个塔伦特来了。主人说："做得好！你是一个对一些事情充满自信的人。我会让你掌管很多事情。现在就去享受你的土地吧。"

最后拿到1个塔伦特的仆人来了，他说："主人，我知道你想成为一个强人，收获没有播种的土地，收割没有撒种的土地。我很害怕，于是把钱埋在了地下。看那里，埋着你的钱。"主人回答道："又懒又缺德的人，你既然知道我想收获没有播种的土地，收割没有撒种的土地，那么你就应该把钱存在银行家那里以便让我回来时能拿到我的那份利息。然后再把它给有10个塔伦特的人，给那些已经拥有很多的人，使他们变得更富有；而对于那些一无所有的人，甚至他们有的也会被剥夺。"

这个仆人认为自己会得到主人的赞赏，因为他没丢失主人给的那一个塔伦特。在他看来，虽然没有使金钱增值，但也没有丢失，就算是完成主人交代的任务了。然而他的主人却并不这么认为。他不想让自己的仆人顺其自然，而是希望他们表现得更杰出一些。他想让他们超越平庸，其中两个做到了——他们把赋予自己的东西增值了，只有那个愚蠢的仆人得过且过。

以上出自《圣经》的故事再也明确不过地说明了使财富增值是每个员工的天职。如果老板出于信任，拨一笔资金让你经营一个项目，你首先不能使公司亏本，而且必须要让自己创造出高于启动资金几倍十几倍的财富出来，如此你才算尽到了自己的天职。相反，如果你没有使投资增值，亏了本或者保持了原样，那么，你就像那个最后拿到1个塔伦特的仆人一样，是一个"又懒又缺德的"、没有尽职的人。

3. 必须运用金钱具有的孳生繁衍性

本杰明·富兰克林认为："切记，金钱具有孳生繁衍性。金钱可生金钱，孳生的金钱又可再生，如此生生不已。五先令经周转变成六先令，再周转变成七先令三便士，如此周转下去变到一百英镑。金钱越多，每次周转再生的钱也就越多，这样，收益也就增长得越来越快。谁若把一口下崽的母猪杀了，实际上就是毁了它一千代。谁若是糟踏了一个五先令的硬币，实际上就是毁了所有它本可生出的钱，很可能是几十英镑。"

这就是美国早期的金钱观念，作为现代职业人士，一定要让金钱的这种功能和特性发挥出应有的作用，如果不能使自己和公司中的财富增值，实际上就是在浪费数额巨大的金钱，这与奢侈挥霍、挥金如土一样，都是对自己天职的亵渎。

4. 想成为企业家须将获取财富作为人生目的

雅各布·福格曾与一个已退休的商业界同事谈话。这位同事想劝福格也退休,因为他赚钱赚得够多的了,该让别人也得到些机会。福格断然拒绝了他的劝告,说那么做是卑怯,福格另有想法。钱,在他来说,只要能赚,他就想赚。在企业家雅各布·福格看来,赚钱就是人本身的目的。至少在企业家心目中,他们的伦理观念的核心就是赚取财富。正是这种观念为企业家的生活方式提供了伦理基础和正当理由。不是享乐,也不是为了过奢侈的生活,赚取财富本身就是人生的目的。

合法地获得财富,并将获取财富作为自己人生价值的确证,这是任何一个想成为商人和企业家的员工必须树立的人生信念。只有那些在财富上有大欲望、高目标的员工,才注定会取得辉煌的成就、成为又一个创造了巨大财富的企业家。身在激烈竞争的市场,我们必须抛弃轻视财富的陈旧观念,以激昂向上、进取有为的牟利精神创造更多的社会财富,国家的富强和公民们生活质量的提高,完全依赖于此。当我们以敬业精神来对待赚取财富时,那种使命感、神圣感就会充溢我们的心底。

训练

1. 制定自己的财富计划

如果你想变得快乐或成功,金钱对你说是非常重要的。当你设定你的财富目标时,要考虑如下事宜:

1)你想挣多少钱?

2)你想拥有多少储蓄?

3)你想在有价值的事业上支出多少?

4)你想何时退休?

5)在退休的岁月里你想拥有多高的收入?

6)你真正想做的是那一类型的工作?

7)你憎恶运用可透支户头和信用卡吗?

8)你为你的家庭有一个现实的财务预算吗?

9)你家庭的所有财务需求已经被充分满足了吗?

10)从现在开始的五年之后,你将拥有的净资产是多少?

11)到退休时你想拥有的净资产是多少?

12)你在生活中拥有财务平衡吗?

你的财富目标包括一年期目标,五年期目标和终极目标三个部分。

1)一年期财富目标:这是一个短期的财富目标设定,这个目标必须建立在一份年历的基础上。树立你在当前这一年的剩余时间里要完成的财富目标,这些财富目标是非常重要的。这是出于一个事实:它们是短期的,并且让你有机会立刻就看到成果。所以,在制定一年期财富目标的时候,一定要非常明确。

2)五年期财富目标:它们被归类于中长期目标。这些目标应该建立在对未来财富的近期规划基础上。它们应该被逐年调整,以便适应你个人的实际。设想一下,从现在开始五年以后,你将会到达一个什么的位置,然后记下它。

3)终极财富目标:它是长期目标,是终其一生所要成就的目标。它的完成期限是不是明确化,这取决于你。一开始,你也许会发现做一个长期规划很困难,如果确实如此,坚持去实施你的短期和中期计划。这样,当你已经做好足够的准备迎接它的时候，你的长期计划将会呈现在你的面前。设想一下你在 65 岁，70 岁，或 75 岁时的样子，认真地考虑你希望在那个时候过着怎样的生活。同时自省：你对生命有什么样的期待。

2. 财富观测评

测试说明：其实，想测试一个人的财富观是很困难的，它涉及到很多因素。下面的测试只是一种简便易行的方式，只需对每道题作出 A 或 B 的回答，其中 A 代表"是"，B 代表"否"。

1) 你是否经常筹划如何找机会赚钱？（　　）

2) 你能很快分析当前形势与问题吗？（　　）

3) 做事情时，你能持之以恒、善始善终吗？（　　）

4) 你能审时度势，迅速作出决断吗？（　　）

5) 你能与其他人很愉快地工作一段时间吗？（　　）

6) 你能坚持不懈地追求生活中使你感兴趣的某种东西吗？（　　）

7) 你是否曾为自己制定过赚钱目标，如 1 万元或 5 万元？（　　）

8) 在花钱、生活、工作上，你能承担风险吗？（　　）

9) 对新事物、新观点的反应，你灵敏吗？（　　）

10) 你是否能经受住金钱的考验？（　　）

11) 你购买商品时，是否停下来计算一下卖主的赢利额？（　　）

12) 你购买大件商品时，是否经常计算成本？（　　）

13) 对意外事件，你是否有承受能力？（　　）

14) 为了赚钱,你是否能做到不要面子? （ ）

15) 有一项能赚钱的项目，你是否愿意借钱在这上面
投资? （ ）

16) 你想在股票、债券上投资吗? （ ）

17) 你愿意自己下海经商而不拿固定工资吗? （ ）

18) 你在本职工作外还有其他一些专业特长吗? （ ）

19) 你是否经常阅读报纸或杂志上有关赚钱的文
章? （ ）

20) 你是否对商界富豪的经历感兴趣? （ ）

测评标准

选 A 加一分,选 B 加 0 分。

测评分析

12 分以下：赚钱能力有待提高，应该在开始从事第二职
业创收以前,先训练一下自己这方面的才能。

12 分以上：有较强的赚钱能力和心理基础,可选择某一
赚钱项目,大胆地去开拓。

3. 财运目标测评

测评说明:请对下题做一下选择,看看你的发财梦能实现
吗?

测评题:几乎每个人都有过偷窥的经历。设想一下,假如
有一天，当你走在路上时，见高高的围墙上有一个小小的窟
窿,你希望从哪个洞口看见什么?

A. 草坪或花园　　　B. 一对青年男女

C. 警卫或看门狗　　D. 富丽堂皇的豪华别墅

测评分析

A——你的目标总是客观的，有现实可能性。你很现实，建议你再多一些激情，那你的目标就一定会实现了。

B——你的人际关系很好，你是一个天生乐天派，只是在制定目标时，一定要考虑它是否在你的能力所及的范围之内，是否切合实际。

C——你给人的第一印象就是怯懦。因此，你做事总是很小心谨慎，恐怕有差错，你不会发大财，因为你怕冒险，愿意过稳定的生活。

D——你很有数字观和能力，总是在向往着豪华的生活。而且你很有心计，你的赚钱目标很客观，你总有办法达到目标。但你要注意，应该是为了财富而努力工作，而不是采取不法手段获利。

4. 制定自己的投资计划

如果你想成为像你的老板一样的企业家，甚至比他（她）更优秀的话，那么需要制定自己的财富创造计划。

5. 划分时间阶段，制定相应的赢利模式和财富目标

6. 杜绝自己的奢侈浪费

把尽可能多的金钱用于投资和职业完善上。

第六章

职位:实现自我的阶梯

原理

1. 自我实现的连贯性

自我实现是一个人做他最适宜的职业，在工作中发挥他最大的才华、能力和潜在素质，展现个人的情感、思想、愿望、兴趣、能力、意志等特性，实现自己的理想和人生目标，并不断地自我创造和发展。如科学家、艺术家等往往把自己的工作当作是一种创造性的劳动，竭尽全力去做好它，使自己从中得到满足，使个人价值得到确证和实现。

中国古代哲学家孟子的"人人皆可为尧舜"，实实在在地体现了自我实现的思想。每个人都想活出自己的价值，都想比自己现在的状况活得更好，甚至都想成为伟人和名人。如果我们确定了一个完满的、自己希望成就的人生形象，那么实现它，就成为我们人生的目标。自我实现要靠你的职业来实现。每个员工都充满了自我实现的需要，这种需要包括个人成长、发挥个人潜能、实现个人理想的需要，在企业中，一个能发展个体特长的组织环境、具有挑战性的工作、不断递进的职位等都为员工实现自我创造了条件。只要人们在职业中不断地付出努力、不断地超越自己的目标，人的自我实现的需要就能得到充分的满足。自我实现者往往把组织的发展与个人的发展联系起来，实现组织与个人的共同发展。

自我实现是从低级到高级发展的过程，当一个自我实现的目标被满足时，另一个更高级的自我实现的目标便成为人们追求的目标，人们总是在力图满足自己自我实现的需要，而且永远不会感到满足。因此自我实现具有连贯性。

2. 职位体现了自我实现的不断递进性。

职位指人们在企业中的职务和相应的责任。由于不同的职位在企业组织中的重要性不一样，因此各个职位承担的责任也就不一样。一般工厂的职位图如下：

层次	管理人员	研究人员	技术服务与开发人员	工艺工程人员
10	总裁			
9	总经理	高级研究科学家	高级开发科学家	高级工艺工程科学家
8	经理	研究科学家	开发科学家	工艺工程科学家
7	部门经理	副研究科学家	副开发科学家	副工艺工程科学家
6	基层经理	高级研究专家	高级开发专家	高级工程专家
5		研究专家	开发专家	项目专家
4		项目化学家	开发代理人	项目工程师
3		副项目化学家	开发工程师	工艺工程师
2		化学家	工程师	工程师
1		操作员	操作员	操作员

操作员是一般企业员工中数量最大的部分，他从事操作机器、运用工具、看管设备、驾驶车辆之类的工作。在这个职位上，他的自我实现的需要满足程度是很低的，操作人员只要求负责具体的操作技术，在企业组织中他的工作职务范围是很小的，他没有下属。当操作人员被提升为工程师后，他有了下属，工作职务的范围扩大了，他的自我实现的需要就得到了一点满足，他就会更加努力地工作，这又促使了他的进一步提升，随后他被提升为主任，提升为开发工程师或项目化学家后后，他的管理的下属进一步增多，工作职务也相应得到扩大，自我实现的满足程度又进一步得到提高。最后由于工作十分努力，表现十分突出，他被董事会任命为公司总裁，这时他只需对董事会负责，其余的人都得向他负责，公司兴旺与否直接关系到他以后的个人成就大小，因此他把公司的事业完全看作自己的事业，完全全身心地投入了公司的事业中，他的自我实现的满足达到了高峰。

随着职位的晋升，人的自我实现的满足程度就越来越高，因此可以说职位体现了人自我实现的不断递进性，而每个员工如果想证明自己的价值，实现心中理想的人的形象，他就应该勤奋工作、积极促成职位上的不断提升。

表现

1. 工作当中自我实现的基本内容

自我实现，是指把希望发挥自己的潜力、表现自己的才能作为人的根本动机的一种人性假设。其基本内容为：

1) 在人的各种需要中，"自我实现"需要是在工作中寻求成就,这是最高层次的需要。

2)一般人是愿意工作的,是勤奋的。

3)人具有自我指导、自我控制的愿望,控制和惩罚并不是驱使人去工作的好办法。

4)大多数人具有相当程度的想像力和独创性,只有在不受外来控制、而是在自我控制和自我指导下才能发挥出来。

5)在正常情况下,一般人不仅肯于负责,而且会主动需求责任。

2. 自我实现者的高峰体验

在一个人满足了自我实现需要的时候,就会焕发出一种叫高峰体验的精神面貌。其特征如下:

1)处于高峰体验中的人有一种比其他任何时候都更加完满和谐的自我感觉。

2)当他更加纯粹地独自成为他自己时,他就更能与世界、与以前非我的东西融合。

3)处于高峰体验中的人通常感到处于自身力量的顶峰,正最佳和最充分地发挥着自己的潜能。

4)当一个人处于最佳状态时,他的"充分发挥作用"还体现出一个很微妙的特点,这就是行为的轻松自如。往日刻不容缓、疲于奔命的苦差重负,现在做起来不再有老牛拉破车、苦苦挣扎之感,而是轻车熟路,势如破竹。

5)处于高峰体验中的人比其他任何时候更富有责任心,更富有主动精神和创造力,更加感到自身是自己行动和感知的中心。

6)他现在最大限度地摆脱了阻滞、抑制、谨小慎微、畏惧、疑惑、控制、自责、被动。

7) 他在行动时更具有自发性、表达性、纯真性，即正直、天真、诚实、公正、坦白、坦率、朴实、无防备。

8) 他在一种特殊意义上更具有创造性。

9) 他达到了自己独一无二的个性或特质的顶点。

10) 在各种意义上最大限度地摆脱了过去和未来，具有最强的此时此地之感，最接近于全面的人；既然他已超越于欲望，他也就不必根据自己的好恶来给事物贴上什么标签。

11) 处于高峰体验中的人不完全是受世界法则支配的尘世之物，更多的是一种纯粹的精神。

12) 一切皆自然而生，不期而至，无所希望，无所努力，无所企求，然而源源不断，如歌如诉。

13) 在高峰体验中，表达与交流常常富有诗意，还有一种神秘与狂喜的色彩。

14) 可以有效地理解为完全的情欲高潮，以及彻底的释放、宣泄、倾泻一空、爽然若释、大功告成、完美极致，等等。

15) 强烈地感到一种属于存在价值的欢悦，是一种丰富充裕、欣喜欢悦；是一种超越时空、超越历史和地域的欢悦。

16) 有一种源承神思、三生有幸的特殊感怀。

3. 自我实现从实习助理开始

密歇根火鸡快餐连锁公司是一家主要以火鸡为主打产品的快餐公司，这个公司的每一个职员都有一个共同的特点：必须从基层干起。他们的自我实现都是从实习助理开始的，那些有责任感的、有文凭的、独立自主的年轻人在 25 岁以前，就可以成为一个中小企业的管理者。

第一阶段：实习助理。有文凭的年轻人要当6个月的实习助理。在此期间，他们以一个普通班成员的身份投入公司各个基层岗位，如杀鸡配调料收款等。在这些一线岗位上，实习助理要学会保持清洁与服务周到的方法，并依靠他们最直接的实践来积累管理的经验，为日后的管理实践做准备。

第二阶段：二级助理。这个工作岗位已经带有了负责的责任。这时，他们在每天规定的时间内负责餐馆的管理工作。与实习助理不同的是，他们要承担一部分管理工作，如订货、计划、排班、统计等等，他们要在一个小范围展示他们的管理才能，并在日常实践中摸索经验，协调好他们的小天地。

第三阶段：一级助理。在进入公司8～14个月后，有文凭的年轻人将成为一级助理，即经理的左膀右臂。同时，他们肩负了更多更重要的责任，每个人都要在餐馆中独当一面。他们的管理才能日趋完善，这离他们的梦想——晋升为经理不远了。

第四阶段：参观经理。在达到这个很多人梦寐以求的阶段前，他们还需要一个为期20天的培训，这是他们心仪已久的密歇根大学的短期学习。

第五阶段：巡视员阶段。一个有才华的年轻人升至经理后，公司依然为其提供广阔的发展空间。经过一段时间的努力，他们晋升为巡视员，负责5～6家餐馆的工作。

第六阶段：地区顾问。4年后，巡视员晋升为地区顾问。届时，他成为了公司派驻其下属的代表。作为公司15家左右餐馆的顾问，他的责任重大，其主要职责是往返于总部与各个餐馆、沟通交流信息。同时，地区顾问还肩负着诸如组织培训提供建议、企业标准的制定之类的重要使命,成为总公司在这一地区的全权代表。

第七阶段:总部经理。成绩优异的地区顾问还会晋升,成为总公司的总经理。

训 练

1. 自我实现的人不断递进的人生目标

看看自己的需要出于什么阶段,以后还需要满足的目标有哪些?

需要	满足的目标
生理需要	工资、健康的工作环境、各种福利待遇
安全需要	职业保障、意外事故的防止
爱的需要	友谊(良好的人际关系)、团体的接纳、与组织的认同感
尊重需要	地位、名誉、权力、责任、与他人工作的相对高低
自我实现需要	能发展个体特长的组织环境、具有挑战性的工作、人生价值的确证

2. 需要量表

需要量表及其填写说明:

下面列有跟你的职务有关的若干特性,请你就每一项特性打出三种分数。

a、你的工作究竟具有多少这种特性？

b、你认为你的工作该有多少这种特性？

c、这种特性对你有多重要？

采用的是七级评分制，形式如下：

（最少） 1 2 3 4 5 6 7 （最多）

请将代表被你评定的特性究竟有多少的那个数字用"√"勾出来。数目字越小，代表的那种特性就越少；反之，数目字越大则特性越多。例如，你觉得你的职务根本不具备或极少有这种特性，就勾1；如果觉得稍微有一点，就勾2，如此等等。如果这种特性很多，不过还不能算最多，就勾6。每一种特性只能勾一个数。每项特性都请给予打分，不要漏了。

1)对于能担任此职，你有一种尊严感：

　　a、现在实际有多少？　　　　1 2 3 4 5 6 7

　　b、应该有多少？　　　　　　1 2 3 4 5 6 7

　　c、这对你有多重要？　　　　1 2 3 4 5 6 7

2)你担任此职有个人成长与提高的机会：

　　a、现在实际有多少？　　　　1 2 3 4 5 6 7

　　b、应该有多少？　　　　　　1 2 3 4 5 6 7

　　c、这对你有多重要？　　　　1 2 3 4 5 6 7

3)此职务在本单位内的威望：

　　a、现在实际有多少？　　　　1 2 3 4 5 6 7

　　b、应该有多少？　　　　　　1 2 3 4 5 6 7

　　c、这对你有多重要？　　　　1 2 3 4 5 6 7

4)在此岗位上独立思考与自主行动的机会：

　　a、现在实际有多少？　　　　1 2 3 4 5 6 7

b、应该有多少？　　　　1 2 3 4 5 6 7

c、这对你有多重要？　　1 2 3 4 5 6 7

5)对现职的稳定感：

a、现在实际有多少？　　1 2 3 4 5 6 7

b、应该有多少？　　　　1 2 3 4 5 6 7

c、这对你有多重要？　　1 2 3 4 5 6 7

6)你做这一工作,能发挥自己的才智之感：

a、现在实际有多少？　　1 2 3 4 5 6 7

b、应该有多少？　　　　1 2 3 4 5 6 7

c、这对你有多重要？　　1 2 3 4 5 6 7

7)你这一职务在本单位之外受到尊重：

a、现在实际有多少？　　1 2 3 4 5 6 7

b、应该有多少？　　　　1 2 3 4 5 6 7

c、这对你有多重要？　　1 2 3 4 5 6 7

8)在本岗位上觉得取得有意义的成就：

a、现在实际有多少？　　1 2 3 4 5 6 7

b、应该有多少？　　　　1 2 3 4 5 6 7

c、这对你有多重要？　　1 2 3 4 5 6 7

9)这职务有帮助别人的机会：

a、现在实际有多少？　　1 2 3 4 5 6 7

b、应该有多少？　　　　1 2 3 4 5 6 7

c、这对你有多重要？　　1 2 3 4 5 6 7

10)这职务在确定分配给自己的任务时有发言权：

a、现在实际有多少？　　1 2 3 4 5 6 7

b、应该有多少？　　　　1 2 3 4 5 6 7

c、这对你有多重要？　　　　1 2 3 4 5 6 7

11)这职务有参与确定自己的工作方法和步骤的机会：
　　a、现在实际有多少？　　　　1 2 3 4 5 6 7
　　b、应该有多少？　　　　　　1 2 3 4 5 6 7
　　c、这对你有多重要？　　　　1 2 3 4 5 6 7

12)这职务有权力：
　　a、现在实际有多少？　　　　1 2 3 4 5 6 7
　　b、应该有多少？　　　　　　1 2 3 4 5 6 7
　　c、这对你有多重要？　　　　1 2 3 4 5 6 7

13)这职务有交上亲密好友的机会：
　　a、现在实际有多少？　　　　1 2 3 4 5 6 7
　　b、应该有多少？　　　　　　1 2 3 4 5 6 7
　　c、这对你有多重要？　　　　1 2 3 4 5 6 7

分数计算

　　做完问卷，你就可以在"需要量表"中计算你的满足分数了。这分数表明你的职位能满足你的需要到何种程度。

　　本表中的数字代表检测题的题号，把这13道检测题分为五组：安全(5)、社交(9、13)、荣誉(1、3、7)、自治(4、10、11、12)和自我实现(2、6、8)，先把问卷中的每一项特性的a问句与b问句中所勾出的数字找出来，然后b去减a，然后将每组所得的数目字加起来填进下表中相应的括号内，再分别除以对应数字。

　　表中的参考分，是管理人员的平均分数。这是在抽样对1 916名各级员工所做调查出来的，可供参考对照。

　　一般来说，你对某项需要的分数高于参考平均数，说明你这项自我实现不如抽样的那组人那样满足;反之,比参考分数低,则你的需要的满足程度高于平均情况。

需要量表

安全	社交	荣誉	自治	自我实现
5)b − a =	9)b − a =	1)b − a =	4)b − a =	2)b − a =
	13)b − a =	3)b − a =	10)b − a =	6)b − a =
		7)b − a =	11)b − a =	8)b − a =
			12)b − a =	
小计:( )	( )	( )	( )	( )
除以:(1)	(2)	(3)	(4)	(5)
满足分:( )	( )	( )	( )	( )
参考分:(0.43)	(0.33)	(0.61)	(0.78)	(0.95)

最后是计算你的需要重要性。

下面这个"需要重要量表"中的数字代表检测题的题号。把这13道检测题同样分为五组:安全(5)、社交(9、13)、荣誉(1、3、7)、自治(4、10、11、12)和自我实现(2、6、8),把每组里你在问卷各特性的c问句里所勾出的数目字填入此表中相应位置,并逐栏予以小计,再分别除以对应数字,便求得你对需要重要性的评分。表中也列有根据美国管理人员抽样调查所获得的平均评分,可供对照参考。

需要重要量表

	安全	社交	荣誉	自治	自我实现
	5) c =	9) c =	1) c =	4) c =	2) c =
		13) c =	3) c =	10) c =	6) c =
			7) c =	11) c =	8) c =
				12) c =	
小计：	（　）	（　）	（　）	（　）	（　）
除以：	（ 1 ）	（ 2 ）	（ 3 ）	（ 4 ）	（ 5 ）
满足分：	（　）	（　）	（　）	（　）	（　）
参考分：	(5.33)	(5.33)	(5.28)	(5.92)	(6.35)

第七章

薪水:敬业的人如何看待?

原 理

1. 工作中比薪水更重要的

薪水是企业对员工所做的贡献——包括实现的绩效，付出的努力、时间、学识、技能、经验与创造所付给的相应回报与答谢。薪水包括基本薪水、奖励薪水、附加薪水、福利薪水等。

职业所给予人的薪水仅仅是员工工作报酬的一部分，而且是很少的一部分。除了薪水，职业给予的报酬还有珍贵的经验、良好的训练、才能的表现和品格的建立。这些东西与用金钱表现出来的薪水相比，其价值要高出千万倍。

职业所给员工的，要比他付出的更多。如果员工将工作视为积极的学习经验，那么，每一项工作中都包含了许多个人成长的机会。当年轻人刚刚踏入社会时，不应该过分考虑薪水的多少，而应该注意工作本身带来的报酬。譬如发展自己的能力，增加自己的社会经验，提升个人的人格魅力……与你在工作中获得的技能与经验相比，微薄的工资会显得不那么重要了。老板支付给你的是金钱，你自己赋予自己的是可以令你终身受益的无价之宝。

能力比金钱重要万倍，因为它不会遗失也不会被偷。人们都羡慕那些杰出人士所具有的创造能力、决策能力以及敏锐的洞察力，但他们并非一开始就拥有这种天赋，而是在长期工作中积累和学习到的。在工作中他们学会了了解自我，发现自我。这是职业赋予人最珍贵的礼物。

使自己的潜力得到充分培养和发挥才是比薪水更重要的。

2. 先想想如何把工作做得更好

　　由于工作中存在着比薪水更重要的东西，所以就不要为薪水而工作，不要太多考虑工资，而应该用更多的时间去接受新的知识，培养自己的能力，展现自己的才华。在你未来的资产中，它们的价值将远远超过现在所积累的货币资产。当你从一个新手、一个无知的员工成长为一个熟练的、高效的管理者时，你实际上已经大有收获了。你可以在其他公司甚至自己独立创业时，充分发挥这些才能，从而获得更高的报酬。

　　成功人士的经验向我们揭示了这样一个真理：如果工作时全力以赴，不敷衍了事，不偷懒混日子，即使现在薪水微薄，未来也一定有所获。那些工作中尽职尽责、坚持不懈的人，终会有获得晋升的一天，薪水自然会随之提高。不要担心自己的努力会被忽视，当你全心全意工作时，相信你的老板同样也注意到了。在你担心该如何多赚一些钱之前，试着想想如何把工作做得更好，这样一来，你就根本不需要为钱而担忧了。别绞尽脑汁说服老板，让你的老板接受你加薪的理由。

　　聪明而睿智的老板在鼓励员工时并不会说："好好干，我会给你加薪的。"而是说："好好干吧，将你的全部本领展现出来，有更多的重担在等着你呢"，与重担而来的自然是薪水的提高。那些职位低下、薪水微薄的人，忽然间被提升到一个重要的位置上，看起来似乎有些莫名其妙，常常遭受人们的质疑。但实际上，当他们拿着微薄的薪水时，始终没有放弃努力，始终保持一种尽善尽美的工作态度，满怀希望和热情地朝着自己的目标而努力，因而获得了丰富的经验，而这些正是他们晋升的真正原因。

好好地奉献自己的时间和精力，在每一份工作中竭尽所能，你的薪资报酬自然会提升。

表现

1. 掌握技能而不是仅仅为了薪水

无论你目前从事哪一项工作，一定要使自己多掌握一些必要的工作技能。一步一个脚印地去做，把自己训练培养成一个适合你期望的职位的人，而其中一个关键的问题就是：掌握必要的工作技能，让自己胜任这个职位。在主动提高自己的工作技能时，你应当明白，自己这样做的目的并不是为了获得金钱上的报酬，而是为了使自己更长久地发展。更重要的是，多掌握一些必要的工作技能，然后才能在自己所选择从事的终身事业中，成为一名杰出的人物。

有人告诫自己的孩子："无论未来从事何种工作，一定要全力以赴，一丝不苟。能做到这一点，就不会为自己的前途操心。因为世界上到处是散漫粗心的人，那些尽心尽力者始终是供不应求的。"工作是人的天职，履行这个天职最为重要的是要有相关的技能，就像猫一定要学会抓老鼠一样，如果没有好的工作技能，就无法履行你的天职，也就无法成为你自己了。

在公司中，如果你掌握了必要的工作技能，就能提升自己在老板心目中的地位。随之，你会频频出现在公司的重要会议上，甚至被委以重任，因为在老板的心目中，你已经变得不可替代了。

2．获得锻炼的机会比薪水更重要

即将参加工作的人总爱问，如何才能找到一份称心如意的工作。过来人则说："只要你不要报酬，如果你表现优秀，那么你将从一名临时工转为正式工。"

几年前，有位可爱的女士很想进入公司在多伦多的分公司，竟提出了不要工资，只要能为公司工作就行。当然，她的想法是相当精明的，正好与分公司经理事务费用少，急于请人的想法不谋而合。这主要是：一，分公司里的任何人都觉得自己工作忙，正需要人员；二，分公司没有更多的钱去聘用新人；三，如此干劲高涨而又免费服务的帮手，正是分公司求之不得的。

在她加入分公司帮忙不久，工作业绩证明了她的才华，当然分公司经理也只好答应录用她，虽然开始工资少，但可提供食宿。如今她已成为分公司册中的正式一员。

当你刚刚迈出学校的大门，或者你经济上已经独立但想转行的话，志愿服务将是你迈入理想公司的最好捷径。这主要是因为：

1）大多数的经理一般不会拒绝志愿服务，因为试用后，服务不理想，仍然可以请你走，对公司一点损失都没有。

2）通过在公司几个星期的志愿服务，将为你施展自己的才华提供一个舞台，任何硬心肠的经理都会付给你一份工资作为报酬的。当你迈出这一步时，进入工薪阶层并不那么遥远了。

即使志愿服务最终没有结果，但是却给你的经历写上了宝贵的一笔，尤其是你曾经在著名公司工作过的情况，将为你今后选择公司增加砝码。而当你亲身体验了公司工作后，也为你选择终生事业提供借鉴，使你可以向公司最优秀的经理学习，为你今后的人际关系名册上增添不少事业上的朋友。

3. 使自己变得不可替代，薪水自然会提高

一位律师曾聘用一名年轻女孩当助手，替他拆阅信件并进行分类，薪水与相关工作的人相同。有一天，这位律师要求她用打字机记录一句格言："请记住：你惟一的限制就是你自己脑海中所设立的那个限制。"

她将打好的格言交给律师，并且有所感悟地说："你的格言令我深受启发，对我的人生很有价值。"这件事并未引起律师的注意，但却在女孩心中打上了深深的烙印。从那天起，她开始在晚饭后回到律师事务所继续工作，不计报酬地干一些并非自己分内的工作——譬如替律师回客户的感谢信。

她认真研究了律师的语言风格，以至于她的回信和自己老板的一样好，有时甚至更好。她一直坚持这样做，并不在意老板是否注意到自己的努力。终于有一天，律师的秘书因故辞职，在挑选合适人选时，老板自然而然地想到了这个女孩。

在没有得到这个职位之前已经身在其位了，这正是女孩获得提升最重要的原因。当下班的铃声响起之后，她依然坚守在自己的岗位上，在没有任何报酬承诺的情况下，依然刻苦训练，最终使自己有资格接受更高的职位。

故事并没有结束。这位年轻女孩能力如此优秀，引起了更多人的关注，其他公司纷纷提供更好的职位邀请她加盟。为了挽留她，律师多次提高她的薪水，与最初当一名普通速记员时相比已经高出了四倍。对此，律师也无可奈何，因为她不

断提升自我的价值,使自己变得不可替代了。

无论你目前从事哪一项工作,每天一定要使自己获得一个机会,使你能在平常的工作范围之外,从事一些对其他人有价值的服务。在你主动提供这些帮助时,你应当了解,自己这样做的目的并不是为了获得金钱上的报酬,而是为了训练和培养更强烈的进取心。

你必须先拥有这种精神,然后才能在你所选择的终身事业中,成为一名杰出的人物,到时你的薪水也自然会提高。

4. 现在的放弃是为了未来的获得

如果我们发现自己的老板并不是一个睿智的人,并没有注意到我们所付出的努力,也没有给予相应的回报,那么也不要懊丧,我们可以换一个角度来思考:现在的努力并不是为了现在的回报,而是为了未来。我们投身于商业是为了自己,是为了自己而工作。人生并不只有现在,而且还有更长远的未来。固然,薪水要多挣些,但那只是个短期的小问题,最重要的是要获得不断晋升的机会,为未来获得更多的收入奠定基础。更何况生存问题需要通过发展来解决,眼光只盯着温饱,得到的永远只是温饱。

手工业时代,男孩为了学一门手艺常常拜师学艺多年,却无法拿到一分钱工资,但他们毫无怨言,现在的年轻人在学本事的同时还可以拿工资,却抱怨不已。

究其原因在于两者对于薪水的看法不同。在手工业时代的男孩和家长看来,能有一个好的学习技能和知识的机会是十分难得的,他们一切努力和付出都是为了未来能开办自己的作坊和店铺。而现代年轻人则更注重现实利益,赚钱的目的是为了消费和享受。时代变了，注重现实利益本身并没有错。问题在于现在年轻人较为短视，忽略了个人能力的培养，他们在现实利益和未来价值之间没有找到一个均衡点。

暂时的放弃是为了未来更好的获得。尽管薪水微薄，但是，我们应该认识到，老板交付给的任务能锻炼我们的意志，上司分配给我们的工作能发展我们的才能，与同事的合作能培养我们的人格，与客户的交流能训练我们的品性。企业是我们生活的另一所学校，工作能够丰富我们的思想，增进我们的智慧。

德国著名的政治家、外交家，被誉为"铁血宰相"的俾斯麦在德国驻俄外交使团工作时，薪水也很低，但是他却从来没有因为自己的工资低而放弃努力。在那里他学到了很多外交技巧，也锻炼了自身的决策能力，这些对他以后的政治活动影响很大。后来他成为叱咤风云的政治领袖，并且促成了德意志的统一，他的丰功伟绩与他早年不计报酬的扎实用功有很大关系。

在你工作时，要时刻告诫自己：我要为自己的现在和将来而努力。无论你的工资收入是多还是少，都要清楚地认识到那只是你从工作中获得的一小部分。

训 练

1. 正确对待薪水的心理问答

1）你的工作技能目标是什么？

2）你为什么选择目前这份工作？它与你的人生目标有什么关系吗？

3)通过目前这份工作,你想得到什么?

4)你目前的薪水是多少?

5)你将怎样花费你的薪水? 有多少钱用于提高自己的能力与素质的投资?

6)自己如何对自己的工作绩效进行评价? 试试比较自己的付出与薪水是否相一致? 如果不一致,看看自己在工作中得到的东西如锻炼的机会、能力的提高、成长的获得是否比工资多的多?

认真回答这些问题, 在每次发薪水的那一天再看看自己的答案;在对自己的薪水不满意的时候,也来看看这些答案。

2. 规定自己在工作中不断掌握新技能

每周至少掌握一种新技能。在熟悉自己部门工作的情况下,勇敢地请示上级到其他部门去熟悉新工作环境、掌握新工作技能。

3. 制定自己的薪水计划

半年之内达到什么目标? 一年之内? 两年?

与薪水计划同步,制定一个相应的职位、技能计划,也就是如果要达到较高的薪水,需要怎样的职位和技能?

第八章

敬业美德：自信、勤俭、主动、爱

原 理

1. 自信是职业的分内要求

自信表明了一种对自我能力、优势的认可与肯定，自信可以使一个人认为自己有能力冒风险，接受各种挑战和工作任务，提出要求并尊重承诺。自信是一个人无论面对挑战还是各种挫折时，对完成一项任务或采用某种有效手段完成任务所表现出来的信念。自信的人通常对自己的各种判断和结论信心十足，尽管他人可以给予自己建议、引导和帮助，但是一旦到了下结论的时候，却必须是自己出面，而且不容质疑。他们敢于承担失败的责任，敢于就工作中的问题向上级与顾客提出质疑，他们是职业中的佼佼者，值得每一个员工效法和学习。

2. 勤俭是敬业的基石

勤奋主要针对时间，节俭主要针对金钱。要充分利用时间和金钱，而不要浪费它们，没有勤奋和节俭，将一事无成，而做到这两点，则将赢得一切。懒惰使人得病，由此必然缩短寿命；懒惰如同锈蚀，要比劳作更快地消耗生命；你如热爱生命，切不要浪费时间，因为时间就是生命。富兰克林曾说：

"我们花在睡眠上的时间要比所必需的多的多。我们忘记了'贪睡的狐狸抓不着鸡''坟墓里面睡眠多'。勤劳者于怠惰者酣睡之时耕作。"

今日事今日毕，谁知明日还有多少事务缠身。一个今天值两个明天；明天要干之事，今天能干则今天干之。如你身为员工，当被老板发现无所事事时，难道你不感到羞愧吗？倘若要悠闲，需合理安排时间。既然无法把握一分钟，就不宜扔掉一小时。

如果想使勤劳更有成果的话，一个人如只知赚钱而不知节俭，那么他的一生就不会有一时的闲适，到死依然身无分文。节俭是走向富有的第一步。如果你是勤俭的人，一年六磅则可以当100磅来使用。勤俭的员工时刻想到为公司减少成本，为自己减少浪费。在使用公司财物时，他们尽量减少损耗；在与客户谈判时，他们本能地替公司压低成本、提高利润；在经营项目时，他们尽量用最少的公司投资，取得最大的经济效益。勤俭的敬业精神使公司充满精明干练、蓬勃向上的朝气，勤俭的敬业精神是个人发展与公司壮大的动力与根源，成为社会与文明进步的真正动力。

3．主动是敬业的特性

那些不论老板是否安排任务、自己主动促成业务的员工，那些交给任务、遇到问题后不会提出任何愚笨的、罗嗦的问题的员工，那些主动请缨、排除万难、为公司创造巨大业绩的员工，就是具有主动性的敬业者。他们与那些充满懒懒散散、漠不关心、马马虎虎的工作态度，除非苦口婆心、威逼利诱才能把事情办成的被动者相比，确实有着天壤之别。现代市场经济，只需要那些主动者。

任何公司，都需要那些主动寻求任务、主动完成任务、主动创造财富的员工。所谓的主动，指的是随时准备把握机会，展现超乎他人要求的工作表现，以及拥有"为了完成任务，必要时不惜打破成规"的智慧和判断力。那些工作时主动性差的员工,墨守成规、避免犯错,凡事只求忠诚公司规则,老板没让做的事,决不会插手;而工作时主动性强的员工,则勇于负责,有独立思考能力,必要时会发挥创意,以完成任务。

在市场经济中,公司的大目标和员工的小目标都是创造财富。只要符合这个大目标,员工们就不应该局限于自己的任务,而应该在不破坏公司各种秩序的情况下,主动地完成额外的任务,出色地为公司创造额外的财富。甚至要先于你的主管和老板,提出并实施有益于公司发展的项目和业务。

4.爱是敬业的升华

基督教精神的最根本的标志是爱——一种无私地关怀他人的积极行动。这种爱不只是关怀爱我们的人,也关怀不爱我们的人。爱意味着关心他人,意味着把他人当作人来尊重,而不是当作物来看待,意味着尊重他人人格上的神性。奥尔德斯·赫胥黎(Aldous Huxley)博士把爱定义为"持久地充满感情地关怀他人"。当然,这种爱决不是多愁善感的爱。这种爱的真正力量不在于它表现出温柔宽厚,而在于它尊重我们人格的价值,唤醒我们重新去重视我们人格发展的可能,帮助我们意识到在人世间,我们有我们自己的位置。W.E.霍金(W.E.Hocking)教授说过:"爱给予了我们一种使我们获得永生的礼物。"爱使我们走出这个狭隘的物质世界,进入整个丰富多彩的人类世界。爱打开了我们的眼睛,使我们看到人不是这个地球上可怜的生物,人属于永恒的爱的世界。正是因为每一个人都具有绝对的价值,所以,他服从每一件事情,甚至服从生活本身。

爱在工作中表现为人的人际亲和力和人际理解力

(interpersonal understanding)。人际理解力是一种想去理解他人的愿望，能够帮助一个人体会他人的感受，通过他人的语言、语态、动作等理解并分享他人的观点，抓住他人未表达的疑虑与情感，觉察他人的感受、体谅他人、把握他人的需求，并采用恰如其分的语言帮助自己与他人表达情感。具备人际理解力素质的人通常都具有很强的亲和力。具有亲和力的员工富有团队合作精神，互相协作、共同攻坚、一起完成企业所交的任务。

表 现

1. 勤俭兴国、逸豫亡身

我们已经多次讲述了勤奋工作、节俭持业的必要性和重要性。这里只讲一点，个人、企业、国家的命运都掌握在自己手中，天道酬勤，勤俭使个人、企业、国家兴旺发达，懒惰奢侈使个人、企业、国家堕落衰败。"勤奋得功绩"是罗马人的伟大箴言，也是他们征服世界的秘诀所在。那些凯旋归来的将军都要归乡务农。当时农业生产是受人尊敬的工作，罗马人之所以被称为优秀的农业家，其原因也正在于此。正是因为罗马人推崇勤劳的品质，才使整个国家逐渐变得强大。然而，当财富日益丰富，奴隶数量日益增多，劳动对于罗马人变得不再是必要时，整个国家开始走下坡路。结果，因为懒散而导致犯罪横行、腐败滋生，一个有着崇高精神的民族变得声名狼藉了。如今，很多国家腐败丛生、社会道德萎靡低下，如果没有那种励精图治、勤俭振奋的国家精神作为拯救，那么，这些国家有可能步古罗马的后尘。

企业也是如此，这里更需要勤奋节俭的企业精神。推动企业发展的人并不是那些严格意义上的天才人物，而是那些智力平平而又非常勤奋、埋头苦干的员工；不是那些天资卓越、才华四射的天才，而是那些不论在哪一个行业、哪一个部门都勤勤恳恳、劳作不息的员工。企业和员工培养卓越的敬业习惯是很关键的一环。一旦养成这种克勤克俭、不畏劳苦、锲而不舍的工作品性，则无论企业从事什么行业、员工从事什么职业，都能在激烈的市场竞争中立于不败之地。

2. 主动：从忠于职守到"我能为老板做些什么"

　　老板不在身边却更加卖力工作的人，是具有主动性的员工。如果只有在别人注意时才有好的表现，那么你永远无法达到成功的顶峰。最严格的表现标准应该是自己设定的，而不是由别人要求的。如果你对自己的期望比老板对你的期许更高，那么你就无需担心会失去工作。同样，如果你能达到自己设定的最高标准，那么升迁晋级也将指日可待。如果想登上成功之梯的最高顶端，你得永远保持主动率先的精神，纵使面对缺乏挑战或毫无乐趣的工作，终能最后获得回报。当你养成这种主动自发的习惯时，你就有可能成为老板和领导者。员工在每一项工作中都倾听和相信这一点，就可以使自己的生活好转起来，就从今天开始，就从现在的工作开始，主动起来、获得成功。

3. 自信：我一定能挑战难题、获得成功

　　自信的人如是说——

　　某公司销售业务员："我不喜欢优柔寡断，我长这么大，几次最关键的决策都是自己做的主，无论考大学填报志愿，还是

大学毕业时继续深造和工作间的选择，最后选择在哪里工作、进什么样的公司、干什么样的工作等等，都是自己决策，而且至今为止我都以此为骄傲……"

某公司部门职员："我们部门每半个月开一次例会，部门内部有不成文的规矩，在例会上大家可以畅所欲言，但是经常都是部门领导一个人说，其他人不吭声。可我不这样，上次经理说到公司考勤问题时，我站起来从容地表达了我的观点，并在几个关键问题上谈了自己的看法。大家都被我折服了，还给了我很长时间的掌声……"

某公司客户服务中心主任："上次爱荷华州的一个大客户给公司整个销售一线的业务员制造了很大的麻烦……后来他们又来我们客服中心投诉。当时我已经意识到事态的严重性，因为有好几个部门都会牵涉进这件事，所以我主动打电话给这些部门的领导，通过沟通这件事，表明了客户服务中心会出面平息事件的态度，并针对如何处理此事和各部门的领导达成了初步的共识。之后我又非常有信心并且十分诚恳地答复了客户，最终顺利解决了他们的问题，挽回了他们对公司的信任，同时赢得了其他部门较高的评价……"

某咨询公司咨询师："我跟客户沟通方案时，从来都不会感到紧张，我想只要思路清晰地讲清楚方案的核心要义，帮助客户了解他应该通过方案了解什么，然后知道该怎么做就行了……而面对客户的质疑，也根本不用耿耿于怀，因为他有权知道方案的来龙去脉，而且只有通过这种针锋相对，我们自己才能有所提高……"

对工作的态度一旦改变，工作的处境也会随之改变。增强信念，自己相信自己终获成功，让自己置身于更富有挑战性的环境中，就能获得更多的机会。许多人会主动改善自己所处的环境，却没想到要完善自我、增强自己心灵的力量，于是他们的环境仍然没有改变。那些充满自信、不断挑战困难、开拓广阔市场的员工，是职场上的英雄。

4. 工作当中的友爱、理解和亲和力

具备人际亲和力与理解力的员工通常表现出以下行为，包括"觉察他人的感觉或心情"、"理解他人的兴趣、需求与观点"、"理解他人对待某件事情的态度与行为的原因"等。例如，"紧闭的嘴唇和忧伤的眼神表明这个人很沮丧……"

具备人际理解力素质的人如是说——

某公司部门主管："我们部门每个月都会开一次例会，部门中共9个人，除了汇报和总结该月的工作完成情况之外，我在部门中还立下了在例会上可以畅所欲言的规矩。我总喜欢跟大家说，'你什么观点？''你怎么认为？'我经常会告诫大家多听其他人的意见，学会换位思考……"

某公司人力资源主管："人力资源部每天都要接待很多下属企业被分流和准备解聘人员的信访，这些人员有些生活确实很不好，辛辛苦苦一辈子，现在企业说解雇就解雇，他们在思想上一时还接受不了。我每天接待的信访，讲述的理由真是一个人一个说法，不过我都能理解他们，尽量使这些信访的人能够得到一些我力所能及的满意的答复……"

某公司行政部门员工："我们行政部和周边几个部门的同事，有时候在私下经常议论行政部的主管多么多么的事无巨细、事必躬亲、不会授权、管理方式不佳等等，但是我挺理解领

103

导的，事实上所谓授权、事必躬亲或多或少也是因为我们部门员工自身的能力水平不到位造成的……"

某咨询公司咨询师："我经常要给客户做培训，讲解我设计的方案。我认为，面对不同层级、不同经验背景、不同工作岗位的客户群，他们理解与接收培训内容的关注点与程度都不相同，因此尽管有时培训的场次多、内容多、客户的要求也多，但每次我都尽量将讲义做得不拘一格，无论是形式、内容还是逻辑结构，我想这是一名优秀咨询师必须考虑并且应该做到的……"

训 练

1. 训练自己的勤奋

研究表明，凡勤奋工作的人有以下 15 个特点：

1)不停地工作

2)能在任何地方工作

3)对工作的需求有广泛的看法

4)有主动精神

5)总觉得时间不够用

6)使用表册或记事本，尽量节约时间

7)每天长时间地工作

8)睡得很少

9)吃得很快

10)知道在工作中能做到什么

11)把工作与休息交叉进行

12)不喜欢闲着，不喜欢无所事事

13)害怕退休

14)总想出人头地

15)有使不完的劲

可以利用以上 15 点来进行勤奋的学习与训练。

2. 自信力测验

请将下列各题所列备选答案中选择最符合你的一项。

1) 在内心里上,你对自己的评价是:

　　A. 勉强及格。

　　B. 我已尽力,但能更好。

　　C. 我已尽了最大努力。

2) 你喜欢孤独吗?

　　A. 有时。

　　B. 时常。

　　C. 从来不喜欢。

3) 你对自己的活力程度评价如何?

　　A. 很高。我每星期至少运动三次,我是一个喜欢体力

　　　　活动的人。

　　B. 中等。我下班后偶尔运动。

　　C. 低。我不喜欢运动,我宁愿闲逛。

4) 你服用麻醉剂或抽烟吗?

　　A. 从来没有。

　　B. 参加宴会的时候有过。

　　C. 常常。

5) 你是否离家出走过?

　　A. 有。

B. 没有。

6) 你曾有过自杀的意图吗?

A. 有过。

B. 没有。

7) 你对自己的外表感觉如何?

A. 假如我的体重能减轻,我会对自己的外表很满意。

B. 只有穿着最好的衣服时,才会觉得自己有吸引力。

C. 我对自己外表很满意。

8) 有人告诉你今天你的头发及穿着很美,你会

A. 告诉他,他需要带眼镜或更换一副新的眼镜。

B. 谢谢他,并且微微一笑。

C. 觉得不安,不知道他是否在开玩笑。

9) 你计划星期六和朋友去玩乒乓球,但他们要去看电影,你选择

A. 去玩乒乓球,但却希望自己是在看电影。

B. 到电影院和朋友会合。

C. 留在家里,你无法决定怎样做。

10) 你被提名参加竞选某社团主席职位,你希望得到那个职位,但你的朋友认为参与社会工作是浪费时间的事,你会:

A. 接受提名,展开竞选活动。

B. 拒绝提名,因为你没有把握获胜。

C. 拒绝提名,因为你不愿意朋友们认为你是个无聊分子。

11) 当你的爱人送给你一个名贵的定情礼物时,你会

A.送她(他)一份同样价值的礼物。

B.接受礼物,但宁愿她(他)送你一件不那么名贵的礼物。

12) 你的父母介绍你认识他们的朋友时,你会

A.向他们看看,低声打个招呼。

B.只看他们一眼,点点头(你见过太多父母的朋友,你已毫不在意)。

C.亲切地微笑,介绍时看着他们的眼睛。

13) 当你和上司或老板讲话时,你的眼睛

A.不敢看着他,左顾右盼。

B.只偷偷地看着他,表示害怕。

C.与他眼睛对看,表情自然,不卑不亢。

14) 你的好朋友当选领导职务,你会

A.由衷地为他的成功感到高兴。

B.你为自己没有得到那份荣誉而生气。

C.烦恼,认为他没有什么了不起的地方。

评分标准

题号	1	2	3	4	5	6	7	8	9	10	11	12	13	14
A	1	3	3	3	1	1	2	1	2	3	3	1	1	3
B	2	2	3	2	3	3	1	3	3	1	1	1	1	1
C	3	1	1	1	—	—	1	1	2	2	3	3	3	1

结果分析：

33 分～42 分：高度自信，主动性强，有明确的目标，也会不断付出努力向目标迈进。

21 分～32 分：有一定的自信心，但缺乏主动，容易生气

14 分～21 分：自信力较差，对自己的满意程度低。

3．亲和力测评

测评说明：仔细阅读下题，选择一个你变为最好的选项，由此可以判断你的亲和能力如何。

测评题

如果你将留下一幅永恒的自画像，垂挂在人像艺术画廊中供人欣赏，你希望用什么素材来处理：

A．油彩　　　B．碳笔素描　　　C．水彩　　　D．粉彩

测评分析：

选择 A 的人：喜欢参加豪华的宴会，天生散发着无穷魅力，又善于表现自己的特色，轻易就能吸引众人注目。在公众场合中得心应手，能够穿梭在人群之中，让每个人对你留下深刻的印象，是一个社交高手；

选择 B 的人：希望以本来真实面目出现，对言辞或外表不会多加修饰，待人诚恳，经常以一身轻装出现，树立独特的个人风格。不过别人对你的评价两极分化，不是极度欣赏你的性格，就是觉得你处处碍眼；

选择 C 的人：善于举办个人宴会，把好友邀请到家中，享受温馨的感觉。能让大家有宾至如归的感觉，和你在一起不受拘束，是非常能掌握气氛的人，也能够帮助大家解决问题，协助他们扩展爱情和事业上的关系网络；

选择 D 的人:在团体中不会特别突出,虽然不是主角,大家也不会忘记他的存在,每次都会记得找你。他不会标新立异,故意引起注意,是很好的听众,很自然地对朋友付出诚心,让他们觉得很温暖。他带来的是一种稳定的、和谐的气氛,和他一起出门总是可以清解郁闷。

4. 关心他人测评

测评说明:测试是否关心他人。请根据你的实际情况,选择最符合自己特征的描述。

在选择时,请根据自己的第一印象回答,请不要作过多思考。每道题目只有一项符合你的实际情况,请回答"是"或者"否"。

测评题

1) 你认为领导者是否应承担起培训部下的职责?

2) 你面对不愉快的事件能平心静气吗?

3) 你在参加讨论时,常常不能耐心听取别人的发言吗?

4) 你认为保持自信难吗?

5) 你能主动与惹麻烦的部下谈话吗?

6) 当有人遭受感情创伤时,你能理解同情吗?

7) 你作决定时征求别人意见吗?

8) 你鼓励同事出谋划策吗?

9) 你是否认为同事之间关系不可过于密切?

10) 你能容忍朋友有怪癖吗?

11) 你是否真心真意地听取同事汇报?

12) 你是否按照一成不变的清规戒律看待别人?

13) 你是否把人分成各种"类型",而不认为是具有多面性的综合体?

14) 你的朋友之间发生分歧,你是否很快就支持其中一方,反对另一方?

15) 你批评人时能从积极的角度出发吗?

16) 你会因某些微不足道的烦恼而怒形于色吗?

17) 你鼓励同仁谈论对你的看法、评论你的工作吗?

18) 如果同事对你表示不满意,你恼怒吗?

19) 你对同事的看法公正吗?

20) 人的态度是可以改变的,这一点是否同意?

21) 你能接受与自己不同的工作方法吗?

22) 你为同事创造会见上级领导的机会吗?

23) 你为上级领导创造会见同事的机会吗?

24) 你鼓励同仁自我设计吗?

25) 物质刺激是调动人的积极性最重要的工具吗?

26) 你是否认为只要有机会,大部分人都会怠工?

27) 你重视建立一支朝气蓬勃、团结奋发的员工队伍吗?

28) 你为同仁创造的好成绩感到骄傲吗?

29) 你会尽快引起上级领导对你的关注吗?

30) 当同仁与你产生意见分歧时,你能容忍吗?

测评结果

1、2、5、6、7、8、10、11、15、17、19、20、21、22、23、24、27、28、29、30 回答"是"加 5 分,其他题目回答"否"加 5 分。

测评分析

125～150 分

是一位敏感、细心、有人情味的人,对待朋友、同事诚恳,因此很多人愿为你效命。你乐于帮助朋友实现自己的抱负,以他们的成就为骄傲。从容而自信,深受朋友拥戴。

80～125分

关心朋友,同仁,既民主又计时求效率,偶尔也有个人主义倾向。大部分人喜欢与你共处,因为你肯接受不同意见。

35～70分

生性多疑,脾气暴躁,刚愎自用。应该认识到,信任是双向的,要得到它,必先给予。朋友对你怨言与不满颇多,彼此之间也常闹不团结。只要你不把朋友们视为不懂事的孩子,而是把他们看成有头脑与责任心的成年人,很多紧锁的心扉就会向你敞开。

30分以下

不懂也不会关心他人,应好好看看自己的生活环境,因为你不是生活在真空里。

5. 根据以上测评,制定自己提升相关能力的计划,并在工作当中付诸锻炼和实施。

后　　记

　　本书每篇分三个部分，其中原理部分是敬业精神的思想核心，表现部分是敬业精神在工作中的贯彻和实践，而训练部分则提供了测评、培训、培养敬业精神的方法和练习。

　　对于企业中的员工而言，**原理**部分需要深刻理解、多次阅读甚至要记忆得滚瓜烂熟才行，在培训当中，对这部分要让员工朗诵和背诵，结合上下文反复品味其中的真义，并且要让员工当面谈出对原理的理解和体会。

　　至于**表现**部分，通过多次阅读，掌握敬业精神在具体职业中的表现，再次领会原理中提出的思想观念，并且要员工对照自己的行为，看是否与敬业者的行为符合。

　　训练部分就是员工自己填表、测验、制定规划。作为企业主，要计算、比较员工的填表答案，评估员工制定的各项计划，并且督促员工实施制定的规划。员工自己，也要根据自己敬业精神各项性能测验结果，制定改变、促进自己敬业的规划。

　　有一点需要再次强调，简单地说，产生敬业精神的美国早期资本主义精神可以用以下公式来表达：

克制、禁欲 + 视赚取财富为天职 = 资本主义精神

　　现在的人们可能难以理解，禁欲怎么能和拼命赚取金钱携起手来。然而事实上，正是新教的道德观念使二者完美地结合在了一起，并且有力地推动了美国早期资本主义经济的迅猛发展。新教的道德观及其职业观，源于《圣经》的启示和基督教发展历史的演变，一切不可理解的奥秘和原因都可以在《圣经》和基督教发展历史中找到。

最后，我想说明的是，脱胎于资本主义精神的美国早期敬业精神，尽管与我们相隔年代已经不短了，但它里面的合理思想必将随人类历史的发展而不断发扬光大，它的确是人类每个个体获得成功、企业和国家强盛壮大的根本精神动力。

詹姆斯·H·罗宾斯